INHALT

BEIM BÄCKER

Erst quietschte es laut, dann staubte es einen Augenblick weißlich, bevor sie mehrfach auftippend über das Straßenpflaster rollte. Die Frau war sofort tot.

Mehl, stellten die Rechtsmediziner fest. Die Frau war Bäckerin. Kein Wunder, dass sie staubte.

Aber was war passiert?

In dem Bäckerladen waren an jenem Tag drei Kunden: ein nervöser Student, ein alter Herr und eine Grundschullehrerin. Nichts Ungewöhnliches für ein derartiges Etablissement. Niemand ahnte zu diesem Zeitpunkt, welchen Gefahren eine Feinbackwarenfachverkäuferin ausgesetzt ist, welchen Ängsten und welchem Druck sie zu widerstehen hat.

Das entstandene Protokoll der damals anwesenden Kunden versteht sich somit als Mahnung für all jene, die sich diesem aufopferungsvollen und verantwortungsträchtigen Dienst am Menschen widmen.

ERINNERUNGSPROTOKOLL

Die Feinbackwarenfachverkäuferin Edda Plunder stand hinter ihrem Verkaufstresen und strahlte Ruhe aus. In den Regalen und Körben hinter ihr stapelte sich eine beträchtliche Auswahl frisch gelieferter Backlinge. Als der unruhig wirkende Student endlich an der Reihe war, atmete er erleichtert durch. Er nahm ein Brot aus einem Leinenbeutel und legte es vorsichtig auf den Verkaufstresen.

VERKÄUFERIN: Guten Tag! … Was kann ich für Sie tun?

STUDENT: Ich möchte das Brot zurückbringen.

VERKÄUFERIN: Stimmt etwas damit nicht?

STUDENT: Nein, nein! Es ist alles in Ordnung. Es ist nur so, es fühlt sich einfach nicht wohl bei mir.

VERKÄUFERIN: Wie bitte?

STUDENT: Ich versteh' das auch nicht. Es hat sein eigenes Körbchen direkt am Fenster. Ich hab ihm sogar ein Deckchen gehäkelt. Für Rex!

VERKÄUFERIN: Ihr Brot hat einen Namen?

Der junge Mann nickte stolz. Die anderen im Laden lächelten verständnisvoll.

STUDENT: Wollen Sie es mal streicheln?

VERKÄUFERIN: Entschuldigen Sie, das ist ein *Brot!*

Es wurde unruhig in dem kleinen Laden. Ungeduld machte sich breit. Der alte Herr schaute missbilligend auf seine Uhr. Die Grundschullehrerin zog die Unterlippe über die oberen Zähne.

ALTER HERR: Nun streicheln Sie es schon!

VERKÄUFERIN: Es ist ganz hart!

STUDENT: Ja, total verspannt. Ich sagte ja, es fühlt sich nicht wohl. Ich glaube, wir haben es zu früh von den anderen getrennt. Es hat von Anfang an gefremdelt.

VERKÄUFERIN: Sind Sie verrückt? Das ist ein einfaches Landbrot! 60 % Roggen, 40 % Weizen. Natursauerteig!

STUDENT: Bitte schreien Sie es nicht so an!

LEHRERIN: Es kann doch wirklich nichts dafür.

ALTER HERR: Schrecklich! Ich habe selber zwei Brote.

LEHRERIN: Ist es eigentlich jemals untersucht worden? Ich meine, kennen Sie die Eltern?

VERKÄUFERIN: Die Eltern von dem Brot?

ALTER HERR: Vielleicht versteht es unsere Sprache nicht – Bonjour! Good Morning! Strastwutje, Towarisch Rex!

VERKÄUFERIN: Das ist nur ein Brot. Ein *Brot!* Brote leben nicht. Die sind zum Essen da. Man schneidet sie in Scheiben. Das nennt man Stullen.

Daraufhin schnitt die Verkäuferin Edda Plunder wahllos ein Brot durch und sägte anschließend eine Scheibe ab.

STUDENT: Was haben Sie getan? Haben Sie denn gar kein Herz?

VERKÄUFERIN: Wo bin ich denn hier? Haben Sie ein Ei am Wandern?

LEHRERIN:	Haben denn Brote überhaupt keine Rechte?
ALTER MANN:	Früher herrschte noch Disziplin! Wir hatten ja nichts!
VERKÄUFERIN:	Was – wollen – Sie?
STUDENT:	Ich möchte dieses Brot umtauschen. Ich bin mir aber nicht mehr sicher.
VERKÄUFERIN:	Welches darf's denn sein?
STUDENT:	Ach Gottchen! Ich kann mich gar nicht entscheiden. Die sehen *alle* niedlich aus. Das kleine Braune. Das lächelt so schön.
VERKÄUFERIN:	Nehmen Sie's! Und nun raus hier! Raus!

Der Student nahm sein Brot liebevoll in den Arm und ging. Es dauerte einen Augenblick, bis es im Laden ruhig war. Die Verkäuferin hyperventilierte noch ein paar Atemzüge, dann wandte sie sich der Grundschullehrerin zu.

VERKÄUFERIN:	Sie wünschen?
LEHRERIN:	Kann ich die beiden Brötchen mal sehen?
VERKÄUFERIN:	Bitte gerne!
LEHRERIN:	Och! Die sind ja noch ganz warm!
ALTER HERR:	Die sind bestimmt aus einem Wurf!
VERKÄUFERIN:	Was? Wie meinen Sie?
LEHRERIN:	Sagen Sie mal, sind das Zwillinge?

Die Feinbackwarenfachverkäuferin Edda Plunder verließ daraufhin den Laden, schreiend und überfordert. Für den Autofahrer gab es keine wirkliche Chance. Alles andere ist bekannt. Das Leben der Feinbackwarenfachverkäuferin endete in einer weißen Wolke.

GLÜCK IN DER LIEBE

Alles fing damit an, dass mir Andrea, die gute Seele aus dem Kiosk, ein Plätzchen auf den *Café to go* legte und mich fragte: »In vier Wochen ist Weihnachten. Was meinen Sie? Wird es diesmal Schnee geben?«

Ich zuckte die Schultern, zählte die Münzen ab und reichte sie ihr. Kleingeld konnte sie immer gut gebrauchen.

»Das wäre tatsächlich mal ein Hauptgewinn«, antwortete ich, um nicht unhöflich zu erscheinen.

»Darf es noch etwas sein?«

Ich verlangte jeden Tag einen großen Becher Kaffee. Schwarz, ohne Zucker und ohne Milch. Auch wenn er nicht aus einem dieser monströsen Genussautomaten stammte, schmeckte er hier am besten. Etwas anderes hatte ich nie verlangt. Warum ich an diesem Tag davon abwich, kann ich heute nicht mehr beantworten. Vielleicht, weil auf dem Deckel meines Bechers ein selbst gebackenes Plätzchen lag.

»Ziehen Sie mir ein Weihnachtslos!«, bat ich und bereute es schon im selben Moment, da ich nur einen großen Geldschein in der Tasche fand.

»Ich habe kein Glück im Spiel. Wenn Sie die 500.000 Euro gewinnen wollen, müssen Sie selbst Hand anlegen«, antwortete Andrea und wies auf die halb volle Kiste mit den Losen.

»Seien Sie trotzdem mein Glücksengel!«

Bisher hatten die Kioskbesitzerin und ich kaum mehr als drei Sätze miteinander gewechselt.

»Guten Morgen! – Einen Kaffee, schwarz. – Achtzig Cent. – Schönen Tag noch!« So oder so ähnlich spielte sich das jeden Morgen ab. Andrea war freundlich und erledigte die Arbeiten in ihrem kleinen Laden unauffällig.

Ohne hinzuschauen zog Andrea ein Los und reichte es mir mit bedauerndem Lächeln. Es zeigte auf der Vorderseite einen Weihnachtsmann, der sich vor Lachen den Bauch hielt. Ob er aus Begeisterung über einen Gewinn oder – was mir wahrscheinlicher schien – aus purer Schadenfreude über die zu erwartende Niete lachte, war nicht zu erkennen. Auf der Rückseite befand sich eine Nummer. Andrea betrachtete sie kurz und sagte erstaunt: »Das ist mein Geburtsdatum!«

Ich verabschiedete mich, steckte das Los in meine Manteltasche und vergaß es sofort wieder.

In vier Wochen war der Heilige Abend. Genüsslich ließ ich mir das Plätzchen schmecken und trank einen Schluck Kaffee. In diesem Moment beschloss ich, dieses Jahr auf gar keinen Fall Weihnachten allein zu feiern.

Ich bin ein Enddreißiger, tageslichttauglich, freundlich, eloquent und bereit, Pferde zu stehlen, natürlich im übertragenden Sinne. Wenn es sein muss, kann ich auch gut mit jemandem schweigen.

Ich habe ein Haus gebaut, einen Baum gepflanzt und einen Sohn gezeugt. Alles, was ein Mann tun muss, habe ich getan. Außerdem habe ich eine Scheidung generös hinter mich gebracht. Mit dieser Bilanz konnte ich zuversichtlich in die Zukunft schauen und mein Balzverhalten auf ein solides Fundament stellen.

Nur die Vorstellung, am Heiligen Abend Wiener Würstchen und Kartoffelsalat, mit drei Sorten Senf variiert, feierlich in mich hineinzustopfen, verursachte mir spitze Zähne. Nach Jahren der Abstinenz fand ich es eine erstklassige Idee, mich nach einem weiblichen Pendant umzusehen.

Angenehm wäre eine etwas jüngere Partnerin. Sie sollte gut aussehen, nicht zu mager sein, eine gefällige Anpassungs-

und Anschmeichelfähigkeit mitbringen und vor allen Dingen: gut kochen können. Essen warm machen kann ich selbst gut.

Natürlich war ich mir im Klaren, dass es nicht so einfach werden würde, eine passende Frau zu finden.

Um meine Chancen zu verbessern, entschied ich mich für ein Datingportal. Bis Weihnachten blieb noch gut ein Monat. Zeitlich war das zu schaffen.

Die Probleme fingen bei der Anmeldung an. Meinen eigenen Namen durfte ich nicht verwenden, oder sollte ich nicht. Die ersten Versuche, mir einen interessanten und vielversprechenden Nicknamen zu geben, scheiterten daran, dass andere Männer längst darauf gekommen waren.

Knuddelbär, Lachfalte, Herzbube, Kuschelkönig – sogar *Pittiplatsch* waren schon seit Monaten aktiv. Mich *Bruno_Rettich_39* zu nennen, fand ich ein wenig unpassend.

Hilfe suchend schaute ich aus dem Fenster. Mein Blick fiel auf mein Lieblingscafé, und ich entschied mich spontan für den Namen *Eckstein_39*.

Das Datingportal versicherte mir, dass 3,5 Millionen Frauen jede Woche nach dem Glück suchten, europaweit sogar noch mehr. Ich war mir sicher, eine musste die Passende sein, die gut kochen und Kuchen backen konnte oder zumindest passable Plätzchen zu zaubern vermochte.

Voller Elan begann ich, meinen Plan in die Tat umzusetzen. Meine Anfrage nach Frauen – fünf Jahre jünger als ich, normale Figur – listete unzählige Vorschläge auf.

Die Erste nannte sich *Blaubeerkuchen*. Das klang vielversprechend. Leider war kein Foto dabei. Ich öffnete ein kleines Fenster auf dem Bildschirm und tippte sorgfältig in die Tastatur: »Ich liebe Blaubeerkuchen!«

Neugierig starrte ich auf die Buchstaben. Zwar bin ich fraglos ein geduldiger Mensch, aber nach fünfzehn Minuten entschied ich mich, abzubrechen und murmelte enttäuscht: »Du hattest deine Chance!«

Unter 3,5 Millionen Frauen die Richtige zu finden, war mit dieser Methode nicht zu schaffen. Würde ich bei jeder 15 Minuten warten, käme ich nie ans Ziel, jedenfalls nicht bis Weihnachten. Es bedurfte einer effektiveren Lösung.

Die nächsten neun Vorschläge bearbeitete ich gleichzeitig. Neunmal tippte ich unverbindlich: »Hallo! Wie wäre es mit einem kleinen Plausch?«

Zicke786 antwortete zuerst: »Selber Hallo!«

Ein Anfang. Jetzt galt es, sich interessant zu machen. Aber bevor ich erneut etwas eintippen konnte, erschien die nächste Zeile.

»Neu hier? Was glaubst du, zu finden?«

»Suche den passenden Topf zum Deckel«, gelang es mir, schnell zu schreiben.

»Na dann viel Spaß beim Finden! Und Tschüss!«

Zicke786 war offline. Viel Zeit nachzudenken, ob ich etwas falsch gemacht hatte, blieb mir nicht.

Inzwischen poppten fünf weitere Fenster auf. *Sommerbrezel, Abendröte_tröte, Herbstzeitlose, Wenn_nicht_du_wer_dann* und *Samta Klaus*.

Samta Klaus war ein Meter neunzig groß, Typ alternder Rocker, mit beträchtlicher Wampe, trug Glatze und um den Hals ein albernes Tuch.

»Eins-zwei-drei-vier-Eckstein! Stehst du auf Versteckspiele?«

Den verirrten Weihnachtsheini ordnete ich sofort der No-Go-Liste zu. Ich schwor mir, bei der nächsten Gelegenheit mein Profil zu ändern und mir nur Frauen anzeigen zu lassen.

Herbstzeitlose schrieb inzwischen: »Ich warte!«, und tippte im Sekundentakt ein weiteres Ausrufezeichen. Geschätzt waren es mehr als dreißig, und ich hatte immer noch keine Idee, was ich schreiben könnte.

Ein Kollege war so freundlich gewesen, mir eine Liste mit Anmachsprüchen zu überlassen. Er schwor darauf. Hilft garantiert, hatte er gemeint.

Der erste Vorschlag hieß: *Ich bin so schlecht im Bett, das musst du unbedingt ausprobieren.*

Seiner Meinung nach waren derartige Sprüche das richtige Rüstzeug, um reihenweise Frauen abzuschleppen. Abgesehen davon, dass der Satz viel zu lang war, um ihn schnell abzutippen, hatte ich so meine Zweifel, ob mich das weiterbringen würde. Inzwischen war das auch egal. Denn *Herbstzeitlose* hatte zu Fragezeichen gewechselt und die Frequenz erhöht.

Sommerbrezel ließ mich wissen: »Jetzt nicht!«

Wenn_nicht_du_wer_dann meinte: »Sorry! Hab mein Glück gefunden!«

Abendröte_tröte tippte: »No Foto! No Fun!«

Schließlich schrieb *Herbstzeitlose* in Großbuchstaben: »VERARSCH DICH DOCH SELBER!«

Beleidigt meldete ich mich ab.

Nachdem ich mich beruhigt hatte, sagte ich mir, dass noch immer ca. 3,49 Millionen Frauen zur Auswahl standen.

Eine Stunde später war ich eine halbe Flasche Rotwein lockerer und versuchte es erneut. Ich ergänzte mein Profil um ein Foto, setzte den Haken bei *Interesse nur an Frauen,* um nicht wieder einem samtenen Klaus oder einem Rudolf mit roter Nase Hoffnung zu machen.

Anschließend reduzierte ich meine Optionen auf ein erreichbares Umfeld von fünfzig Kilometern und gab das bevorzugte Alter an.

Ich staunte nicht schlecht, als nur noch 175 Frauen zur Auswahl standen, die Weihnachten für mich kochen konnten.

Ich entschied mich für *Marta Harry.* Vielleicht deswegen, weil sie nur ernst gemeinte Zuschriften zu beantworten gedachte.

»Einen schönen Abend wünsche ich! Lust auf einen virtuellen Kaffee?«, schrieb ich charmant, trank aufgeregt einen Schluck Wein und starrte auf den Bildschirm. Als die Antwort kam, verschluckte ich mich.

»Rosen, Nelken, Wicken, ich könnt jetzt …«

Dann dauerte es eine Weile, bis die nächste Zeile angezeigt wurde.

»… einen Apfel pflücken!«

Wieder etwas später.

»Und du?«

Das überforderte mich. Natürlich assoziierte der Name eine gewisse Freizügigkeit. Aber in Reimen zu schreiben, war für mich doch sehr kompliziert. Was hätte ich antworten sollen?

»Kiwi, Kirschen, Quitten …«

»Ich stehe auf große …«

»… Britten!«

Marta Harry war es also auch nicht.

Blieben noch 174 weitere Versuche.

Ich entschied mich, nach dem Zufallsprinzip vorzugehen.

Wie bei einem Schachspiel begann ich mit der bewährten Eröffnung: »Einen schönen Abend wünsche ich! Lust auf einen virtuellen Kaffee?«

Dann wartete ich artig genau einhundertzwanzig Sekunden. Systematisch führte ich Buch, um die ideale Frau mit Verstand, Kochgeschick und Weihnachtsbaumtauglichkeit herauszufinden. Allerdings war das schwieriger als erwartet.

Apfelschnute stellte innerhalb von drei Minuten siebenundzwanzig Fragen. Schon mal verheiratet? Kinder? Wie lange geschieden? Sternzeichen? Auto? Grundstück? Sie wollte wissen, ob ich athletisch, normal oder adipositiv bin, ob ich die Haare auf dem Rücken entfernen ließ und ob ich etwa Fleisch äße. Ich beantwortete alle Fragen wahrheitsgemäß, bekam aber nie wieder eine Antwort.

Stoisch arbeitete ich mich weiter durch die Liste.

Bei *Pummelhase* sah ich die Gefahr, dass sie sich in meiner Küche einsperren und den Weihnachtsbraten allein verspeisen würde.

Satintraum schickte mir Fotos mit der Unterschrift: Kochen kann ich nicht, aber schau mal, wie ich daliege!

Vierzehn Tage später war ich so ratlos, wie am Anfang meiner Suche. Zusammenfassend lässt sich Folgendes sagen: dreiundzwanzig Frauen hatten Katzen, zwölf davon mehr als zwei. Eine Anwärterin besaß keine Katzen, wohnte aber ständig in Katzenwohnungen, wenn deren Besitzer in den Urlaub fuhren. Elf liebten ihren Hund. Ein Hund, der liebevoll Yogi genannt wurde, bekam nur Sojaknochen. Dieses Frauchen schied sofort aus. Die Vorstellung, Weihnachten auf einer Tofukeule herumkauen zu müssen, ließ mich einen flehenden Blick in Richtung Himmel senden. Zwei Damen bedauerten, mein Aszendent würde nicht zu ihrem Mondknoten passen. Achtundsiebzig meldeten sich nicht zurück. Eine *Samantha_69* bot mir ihre Dienste an und meinte, sie wäre total tabulos. Töpfe kämen allerdings in ihrem Repertoire nicht vor.

Entnervt entschied ich mich, die Ausflüge ins Datingportal aufzugeben. Die reale Welt schien mir unkomplizierter. Der wiederkehrende Gedanke an mein weihnachtliches Standardmenü ließ mir jedoch keine Ruhe.

Ich entschloss mich, eine Annonce zu veröffentlichen.

Andrea aus dem Kiosk beriet mich, welche Zeitung besonders von Frauen gelesen wurde und darüber hinaus seriös war. Schließlich half sie mir sogar, den Text kurz und prägnant zu gestalten.

Kartoffelsalatgeschädigter Enddreißiger bietet Gasherd für knusprigen Vogel. Welche kochfreudige Sie hat Lust, den Weihnachtsabend kulinarisch in Gesellschaft zu verbringen?

#Chiffre.

Natürlich meldete sich niemand. Das war schließlich nur ein alberner Wunsch eines Enddreißigers, über den *Frau* sich nur amüsieren konnte. Ich schimpfte mich einen Volltrottel und kaufte Cornichons, Geflügelwiener und eine Packung *Pellkartoffelsalat wie zu Omas Zeiten*. Mir würde nichts anderes übrig bleiben, als die Weihnachtstage allein zu verbringen.

Am Heiligen Abend entkorkte ich enttäuscht eine Flasche Wein und stellte eine Kerze auf den Tisch, ohne dass so etwas Ähnliches wie Weihnachtsstimmung aufkam.

Pünktlich begann es zu schneien, und die Straßen strahlten in glitzerndem Weiß. In den anderen Fenstern leuchteten die Lichterketten. Verträumt summte ich *Leise rieselt der Schnee*.

Plötzlich klingelte es. Verwundert öffnete ich die Tür.

»Frohe Weihnachten!«, begrüßte mich Andrea aus dem Kiosk. Ich war sprachlos. Bisher hatte ich sie kaum beachtet, und jetzt stellte ich erstaunt fest, dass sie eine ausgesprochen aparte Erscheinung mit einem zauberhaften Lächeln war.

Als ich keine Anstalten machte, sie hereinzubitten und sie stattdessen nur ungläubig anstarrte, streckte sie ihre Arme aus und reichte mir einen Bräter. Es duftete verführerisch.

Es wurde der Weihnachtsabend, von dem ich lange geträumt hatte. Ein kulinarisches Fest. Wir amüsierten uns, tranken Wein, lachten viel. Mehr noch, es war eine Nacht, die mir unvergesslich blieb, denn ich kann mich an nichts erinnern.

Nur dass Andrea am nächsten Morgen weg war, begriff ich sofort. Mein Kopf schien zu explodieren. Diesen Zustand schrieb ich dem Rotwein zu, obwohl ich nicht viel getrunken hatte. Noch mehr wunderte ich mich über ihre Nachricht: *Danke für das schöne Weihnachtsgeschenk!*

Als ich nach den Feiertagen einen *Café to go* holen wollte, um Andrea wiederzusehen, stellte ich erstaunt fest, dass der Kiosk geschlossen war.

»Schade! Hier gab es mit Abstand den besten Kaffee!«, bemerkte ein Mann, der kurz neben mir stehen blieb. »Andrea hat Glück gehabt! Sie hat den Hauptpreis in der Weihnachtslotterie gewonnen!«

Ich schaute ihm einen Augenblick lang verwundert nach, wie er durch den weißen Schnee stiefelte. Und auch wenn ich wusste, dass es sinnlos war, griff ich in meine Manteltasche, um das Los mit dem lachenden Weihnachtsmann zu suchen.

13 WOCHEN

Nach dem Tod seiner Frau nahm der Architekt Guido Kramer den Rat der Kollegen an und gestattete sich eine Auszeit. Er entfloh dem Winter und freute sich, ein paar Wochen in Lissabon leben zu können. Vom ersten Moment an liebte er diese Stadt mit ihrem maroden Charme und jener Schwermütigkeit, die von ihren Plätzen und Häuserfassaden ausging.

Für einen Februartag war es angenehm warm. Er setzte sich am *Rossio*, dem zentralen Platz der Stadt, in ein Straßencafé, bestellte einen Espresso und ließ sein Gesicht von der Sonne streicheln. Seine Frau hatte es geliebt, einfach nur dazusitzen und zu genießen. Diese Erinnerung würde ihm für immer bleiben.

Sie hatte die Reise vor einigen Wochen kurzfristig über das Internet gebucht, an einem Sonntag. Es war seine Idee gewesen, und sie hatte sofort alles andere vergessen und sich mit Begeisterung an die Suche gemacht. Um diese Jahreszeit war es kein Problem, in Lissabon ein schönes Appartement für einen sensationell günstigen Preis zu bekommen.

In der darauffolgenden Woche hatte er Reiseliteratur gekauft und einen hochwertigen Fotoband. Das beeindruckende Buch kostete ein kleines Vermögen und war nur in einer limitierten Auflage gedruckt worden. Sein Buchhändler hatte es extra bestellen müssen und sich über die beträchtliche Gewinnspanne gefreut. An jenem Abend, als er den Bildband renommierter Fotografen mit nach Hause brachte, hatte er sich gefragt, ob das nicht überzogen sei. Nach einigen

Überlegungen hatte Guido Kramer es jedoch für unproblematisch gehalten. Eine gemeinsam geplante Reise würden die Beamten zu seinen Gunsten auslegen.

Das Appartement in der obersten Etage eines liebevoll sanierten Hauses war großzügig eingerichtet. Es bot einen fantastischen Blick auf die Oberstadt *Bairro Alto* mit ihrem Häuserwirrwarr, den streng geometrisch gebauten Stadtteil *Baixa* und den Fluss *Tejo*. Jeden Morgen setzte er sich ans Fenster und genoss die Aussicht.

Er gehörte nicht zu jenen Menschen, die sich im Urlaub einen Plan für den jeweiligen Tag erdachten und jede Tour akribisch vorbereiteten. Gern ließ er sich treiben. Das barg Überraschungen und ersparte ihm, sich auf den vorgegebenen Touristenpfaden bewegen zu müssen.

Seine Frau hatte sich da immer ganz anders verhalten. Es konnte passieren, dass sie mitten auf einem Platz stehen blieb, um konzentriert in einem Reiseführer zu blättern. Angeblich war es für sie wichtig, den geschichtlichen Hintergrund einer Kirche zu studieren oder die Biografie eines Gönners der Stadt mit den historischen Ereignissen abzugleichen. Es kam vor, dass sie sich über das gleiche Bauwerk zweimal informierte, weil sie den Passus im Buch längst wieder vergessen hatte oder nicht mitbekam, dass sie vor der Rückseite des Gebäudes stand. Anstrengender war jedoch, dass sie glaubte, ihm all diese Unwichtigkeiten vorlesen zu müssen. Sein regelmäßiger Einwand, dass ihn Derartiges nicht interessiere und er es begrüßen würde, wenn sie die entsprechenden Informationen am Abend lesen könnte, ignorierte sie ständig. Das war allerdings nur eine Eigenart gewesen, die ihn gestört hatte. Nichts wirklich Schlimmes.

Es gab andere Dinge, die ihn mit den Jahren zu nerven begannen. Angewohnheiten, die sie nie abgelegt hatte und die inzwischen seine Nerven strapazierten. Bis vor kurzem hatte er sich mit ihren Ticks arrangieren müssen, aber die

Umstände hatten sich knapp eine Woche vor ihrem Tod geändert.

Die Sonne bemühte sich, die letzten Wolken zu vertreiben. Gegen Mittag gedachte er, seine Runde zu gehen, um sich von der Unbekümmertheit alter Bauherren und ihrer Freude am Detail inspirieren zu lassen. Zumindest versuchte er sich darauf zu konzentrieren, auch wenn seine Gedanken unruhig hin und her wanderten.

❖

Begeistert war Kriminalhauptkommissar Clemens Weinreich nicht gewesen, als ihn Guido Kramer kurz darüber informiert hatte, dass er die Reise nach Lissabon trotz aller Umstände antreten würde. Ganz im Gegenteil, es wunderte ihn sehr, denn der Mord an Kramers Frau war kaum zehn Wochen her. Abgesehen davon sollte der Aufenthalt im Ausland auch noch drei Wochen dauern. Sicher – sie lebten in einer schnelllebigen Zeit, und auch das Trauern dauerte heute nicht ewig. Dennoch kam Clemens Weinreich diese Reise, vorsichtig formuliert, unpassend vor. Natürlich war er nach dreißig Dienstjahren ein Dinosaurier, und die jüngeren Kollegen hatten ihn mit Unverständnis angeschaut, als er seine Meinung dazu äußerte. In kaum zwei Monaten würde er seine Pension beziehen und über derartige Verhaltensweisen nicht mehr nachdenken müssen. Allerdings graulte dem Kommissar jetzt schon bei dem Gedanken, was er dann mit der vielen Zeit anfangen sollte. Zwar sicherten ihm die Bezüge einen angenehmen Lebensabend, dennoch würden die meisten seiner Träume unerfüllt bleiben.

Kramer begründete seine Entscheidung mit dem letzten Wunsch seiner Frau Michaela. Nach all den Jahren intensiver Arbeit im Architekturbüro hatte sie sich ein gemeinsames Ausspannen und *die Seele baumeln lassen* gewünscht.

Kramer hatte nach diesen Worten eine Kunstpause eingelegt und ergänzt, jetzt, wo sie nicht mehr da wäre, hätte er schmerzlich begriffen, dass er seinen Beruf viel zu oft ihr vorgezogen hatte.

Die Ermittlungen kamen nicht voran. Bisher war kein Tatverdächtiger ausgemacht worden, und es gab auch auch kein Motiv. Kramer galt offiziell nicht als verdächtig. Es gab keinen Grund, ihn festzuhalten. Er würde jederzeit per Handy erreichbar und bereit sein, Fragen zu beantworten. Außerdem hatte er der Bitte zugestimmt, den Schlüssel der heimischen Villa im Präsidium zu hinterlassen, damit gegebenenfalls weitere Untersuchungen vorgenommen werden konnten.

Der Kriminalhauptkommissar nahm den Schlüssel kommentarlos entgegen und nickte kurz. Natürlich entstand in ihm sofort der Verdacht, dass der Kerl mit seinem Entgegenkommen nur von etwas ablenken wollte. Mörder, die sich für unantastbar hielten, neigten zuweilen zur Überheblichkeit.

Routinemäßig hatte der Kriminalhauptkommissar mit allen gesprochen, die in irgendeiner Verbindung mit der Ermordeten oder ihrem Mann standen. Weder ihre noch seine Familie konnte sich erklären, wer ein Interesse an ihrem Tod gehabt haben könnte. Die Beziehung des Ehepaars galt als normal, durchaus liebenswürdig, allerdings auch ein wenig in die Jahre gekommen. Affären waren nicht bekannt.

Michaela Kramers Ableben änderte auch an den Vermögensverhältnissen nichts. Ein Ehevertrag regelte, dass jeder über ein Konto verfügte. Festgelegt war, dass der jeweilige Ehepartner seine Einnahmen für sich behalten durfte, wobei Guido Kramer seiner Frau monatlich eine großzügige Pauschale überwies. Was sie damit tat, betrachtete er als ihre Angelegenheit. Ein nennenswerter Betrag fand sich nicht auf ihrem Konto, jedenfalls keiner, den es sich zu erben lohnte. Alle anderen Kosten trug er. Dafür kümmerte sie sich um den Haushalt, seine Sachen und bekochte ihn gern und bodenständig. Zuweilen illustrierte sie die Kinderbücher einer

Freundin oder malte kitschige Katzenbilder. Ambitionen, ihr Talent weiterzuentwickeln, schien Kramers Frau nicht gehabt zu haben. Es war eine klassische Beziehung gewesen, in der sich beide offensichtlich wohlfühlten.

Kollegen und Freunde beschrieben das Ehepaar als ausgeglichen. Michaela Kramer galt als lebenslustige und lebhafte Frau. Sie begeisterte sich ständig für neue Dinge, ohne dabei jemals in die Tiefe zu gehen. Sie versuchte heute dieses, morgen jenes und verfügte über einen ausgeprägten Hang zur Vergesslichkeit. So manch einen Termin hatte sie verpasst, und einige Versprechen waren schon versäumt, bevor der Satz verklungen war. Aber das waren liebenswerte Fehler, die ihr niemand ernsthaft übel nahm.

Guido Kramer hingegen galt als pragmatisch und geradlinig, erledigte seine Projekte pünktlich und in einer beachtlichen Qualität. Manchmal empfanden die Kollegen ihn als ein wenig zu penibel. Wahrscheinlich beruhte aber gerade darauf der gute Ruf des Architekturbüros. Was er plante, war bis ins kleinste Detail durchdacht. Dennoch hatte die Firma unter den Krisen der letzten Jahre gelitten und drohte aufgrund mangelnder Aufträge in eine leichte Schieflage zu geraten. Durch den Tod seiner Frau würde sich jedoch daran nichts ändern. Es gab weder eine Lebensversicherung, noch ein Erbe, das verwertet werden konnte. Auch der Ehevertrag bot kein Indiz für ein Mordmotiv, denn selbst eine Scheidung hätte den Architekten Guido Kramer nur unwesentlich geschädigt.

Der Mord war in einer Nacht von Freitag zu Sonnabend geschehen. Weit nach Mitternacht hatte Michaela Kramer einen Einbrecher überrascht, welcher sie mit einer schweren Bronzestatue, einer Nachbildung eines der Werke des Schweizer Bildhauers Alberto Giacometti, erschlagen hatte. Kramers Frau war sofort tot gewesen.

Die Polizei hatte bei ihren Untersuchungen festgestellt, dass eine Scheibe von außen nach innen eingeschlagen worden war, und der Täter durch die dann geöffnete Balkontür eingetreten sein musste. Fremde Fingerabdrücke gab es nicht. Auch sonst war die Spurenlage enttäuschend. Selbst Fußspuren waren nicht nachweisbar. Es hatte seit Tagen nicht geregnet, und der Mörder war weder über den Rasen noch über die Blumenrabatte gelaufen, obwohl das der kürzere Weg zum Gartentor gewesen wäre. Erstaunlicherweise hatte er nach der Bluttat nicht die Kontrolle verloren, oder er war einfach nur gut erzogen.

Wie sich schnell herausstellte, war der Einbrecher nicht dazu gekommen, etwas zu stehlen. Jedenfalls fehlte nichts. Die Ermittler gingen davon aus, dass Michaela Kramer von einem Geräusch wach geworden war, es wahrscheinlich nicht hatte deuten können und – statt ihren Mann zu wecken – nachgeschaut hatte, was der Grund dafür gewesen sein mochte.

Nach Kramers Aussage fand er seine Frau am nächsten Morgen auf dem Boden liegend, als er wie immer zum Frühstück erscheinen wollte. Die beträchtliche Blutlache und ihr starrer Blick verrieten ihm sofort, dass etwas Schreckliches geschehen sein musste. Selbstverständlich hatte er nichts angefasst, sondern unverzüglich die Polizei informiert.

Weinreich hatte mit Kramers Darstellung des Sachverhalts Bauchschmerzen. Es gab mindestens noch eine weitere Variante. Kramer könnte seine Frau erschlagen und anschließend alles so arrangiert haben, dass die Ermittler von einem Einbruch ausgehen mussten. Nachdem er die Tat begangen, den Tatort geprüft, alles nach seinen Vorstellungen arrangiert und als perfekt eingeschätzt hatte, hätte er sich sogar noch ein bisschen schlafen legen können.

Das Problem war nur, dass es kein ersichtliches Motiv gab.

Der Kriminalhauptkommissar redete sich ein, dass die Lösung auf dem Tisch lag, und er einfach die Wahrheit nicht sah. In Thrillern und Krimis wurde ständig darüber geschrieben, dass die Protagonisten eine fast übersinnliche Ahnung besaßen, ein untrügliches Gefühl, das auch den intelligentesten Mörder letztendlich überführte.

Derartiges langweilte Weinreich und hatte mit dem tatsächlichen Alltag eines Ermittlers nichts zu tun. Es zählten nur Fakten. Auch wenn er keinen Schritt weiterkam, war er dennoch davon überzeugt, dass er es hier mit einem perfekten Verbrechen zu tun hatte.

Der Vergleich mit ähnlich gelagerten Einbruchsfällen der letzten Monate war ernüchternd. Es fanden sich keine auffälligen Parallelen zu anderen gemeldeten Taten, aber endgültig entscheiden, dass es sich um einen Einzelfall gehandelt hatte, konnte er auch nicht. Es war zu allgemein eingebrochen worden, sozusagen ein Allerweltseinbruch, und einen *Modus Operandi,* eine eindeutige Art und Weise des Vorgehens, ließ sich nicht erkennen. Schließlich schob Weinreich die Zweifel auf sein berufsbedingtes Misstrauen.

Seit dem Verbrechen waren nun fast dreizehn Wochen vergangen. Guido Kramer würde am heutigen Sonntagnachmittag aus Lissabon zurückkommen. Kriminalhauptkommissar Weinreich beabsichtigte eigentlich nur, einen abschließenden Blick in die Wohnung zu werfen. Er erwartete nicht, irgendein neues Indiz zu finden, das den Mord in ein anderes Licht tauchen könnte. Längst hatte er sich damit abgefunden, dass die Tat entweder der Kurzschlusshandlung eines Kleinkriminellen zuzuschreiben war, oder es sich um den perfekten Mord handelte. An einen klärenden Zufall, wie er regelmäßig in Kriminalromanen im letzten Drittel des Buches auftrat, glaubte Weinreich auch nicht. Außerdem war er zu alt dafür, einen weiteren ungelösten Fall in sein persönliches Archiv zu stellen. In ein paar Wochen würde er seine Pensionierung antreten. Diese Tatsache bereitete ihm zunehmend Kopfzerbrechen, denn wie er seine Zeit dann sinnvoll gestalten sollte, war ihm nach wie vor ein Rätsel. Einfach den Winter in Lissabon zu verbringen, würde er sich bestimmt nicht leisten können.

Missmutig lief Weinreich durch die Räume der Kramerschen Villa, betrachtete die Bilder und Skulpturen und setzte sich an Michaela Kramers Schreibtisch. Seit ihrem Tod hatte sich anscheinend nichts verändert. Er blätterte in dem hochwertigen Bildband über Lissabon und seufzte verträumt. Dann schaute er noch einmal den Briefständer durch, obwohl er ihn schon mehrmals in der Hand gehabt hatte. Einige amtliche Schreiben, ein paar Rechnungen, ein halb abgearbeiteter Einkaufszettel, verschiedene Werbeprospekte und ein Lottoschein waren alles, was er enthielt.

Weinreich spielte selbst seit Jahren Lotto, wobei er nie mehr als drei Richtige hatte verbuchen können. Dennoch erfüllte ihn jedes Mal eine angenehme Spannung, wenn er die Zahlen der Vorwoche prüfen ließ. Nachdenklich zog er den Schein heraus und kontrollierte das Datum. Dann schaute er auf den Kalender an der Wand. Vor genau dreizehn Wochen war der Schein gespielt worden, und der heutige Sonntag war der letzte Tag, um einen etwaigen Gewinn einlösen zu können. Danach würde der Schein seine Gültigkeit verlieren. Weinreich überlegte: Guido Kramer kehrte am Nachmittag aus Lissabon zurück. Viel Zeit blieb ihm nicht, aber es würde genügen. In diesem Moment erinnerte er sich daran, dass alle Befragten Michaela als ausgesprochen vergesslich beschrieben hatten.

Auch wenn Kriminalhauptkommissar Clemens Weinreich die Zahlen jener Ziehung nicht kannte, so nickte er doch zufrieden, weil er sich sicher war, das Motiv für den Mord gefunden zu haben. Erleichtert stellte Weinreich fest, dass es kein perfektes Verbrechen gibt. Selbst Guido Kramer würde das begreifen und sich damit abfinden müssen.

Zum ersten Mal freute sich der Kommissar auf seine Pensionierung. Zufrieden steckte er den Lottoschein in seine Jackentasche und begab sich auf den Rückweg, um den Gewinn in einem Zeitungskiosk am Bahnhof anzumelden.

FUSSBALLKAUF

Sich dem Ende einer evolutionären Entwicklung bewusst zu sein, ist eine Tragik, die Männern weitgehend erspart bleibt. Sie gehören zu einer minimalistischen Spezies, unfähig, sich den Veränderungen einer modernen Welt zu stellen. Fehlendes Verständnis wird durch Aggressivität, zurückgebliebene Anpassungsfähigkeit durch rituelles Verharren ausgeglichen. Herbert Holzner, Libero und Granit der Innenverteidigung des 1. FC Fortuna Panketal, mag hier als Beispiel stehen. Zu welch unkontrollierten Gewaltorgien scheinbar völlig normale Männer fähig sind, wird im Nachfolgenden deutlich.

ERINNERUNGSPROTOKOLL
(Boutique Red Card)

Für die Verkäuferin Jasmin Touché war es ein ganz normaler Tag. Sie manikürte etwas lustlos ihre Fingernägel. In der kleinen Boutique, in der sie arbeitete, gab es meist nichts anderes zu tun, als zu warten. Als Herbert Holzner etwas verlegen durch die Ladentür trat, fühlte sie sich sofort unwohl. Mit den Jahren hatte sie ein Gespür dafür entwickelt, welcher Kunde Ärger bedeutete.

HERBERT:	Guten Tag! Ich möchte einen Fußball kaufen, bitte!
VERKÄUFERIN:	Sehr schön! Einen Fußball. Haben Sie schon konkrete Vorstellungen?
HERBERT:	Rund! Leder! Zusammengenähte gleich große Sechsecke, im Wechsel schwarz und weiß. Lufteinlassventil!
VERKÄUFERIN:	Geht's nicht ein bisschen genauer?
HERBERT:	Genauer?
VERKÄUFERIN:	Wir haben verschiedenste Angebote! Prada, Gucci, Lagerfeld oder soll es lieber etwas Günstigeres sein?
HERBERT:	Wie? Was Günstigeres?
VERKÄUFERIN:	Ich persönlich mag Rindnappaleder. Das ist sehr schön weich, dennoch strapazierfähig und gegen Feuchtigkeit unempfindlich.
HERBERT:	Ich will einfach nur Fußball spielen! Alle Bälle sind doch gleich!

VERKÄUFERIN:	Gleich? Ich habe hier zum Beispiel ein außergewöhnliches spanisches Modell. *El Toro!* Bevor er Ball wurde, hat er zwei Toreros aufgespießt.
HERBERT:	Aufgespießt?
VERKÄUFERIN:	Ist Ihnen Nubuk lieber?
HERBERT:	Meinen Sie Gerd Nubuk? Spielt der nicht bei Eintracht Dranse?
VERKÄUFERIN:	Nubuk ist etwas Besonderes! Wasserbüffel Klassik! Sehr schön, mit natürlichen Hautmerkmalen.
HERBERT:	Fußball spielen!
VERKÄUFERIN:	Unter uns, wir haben auch Schlangenleder- oder Krokobälle.
HERBERT:	Ich brauch' nur einen ganz einfachen Ball!
VERKÄUFERIN:	Tatsächlich? Einen ganz einfachen Fußball? Und wie soll er ausgestattet sein?
HERBERT:	Was meinen Sie mit ausgestattet?
VERKÄUFERIN:	Sie müssen doch wissen, was Sie wollen! Eher etwas Normales oder haben Sie spezielle Vorlieben? Der schwarze Ball zum Beispiel nennt sich *Domina Khan.* Wollen Sie mal reinschauen?
HERBERT:	In den Ball?
VERKÄUFERIN:	Mit ein bisschen Vaseline geht alles!
HERBERT:	Haben Sie 'ne Feile im Kopf?
VERKÄUFERIN:	Glauben Sie mir, der ist ausgesprochen geschmeidig.
HERBERT:	Wir wollen Fußball spielen! Fußball! Elf Freunde! Sie wissen schon.
VERKÄUFERIN:	Oh! Entschuldigung! Das konnte ich ja nicht wissen! Dann kann ich Ihnen den *Gay Burner* anbieten. Macht sich lang, wenn es eng wird.
HERBERT:	Bitte! Ohne Ball darf ich nicht wiederkommen. Einen einfachen Ball! Schwarz-weiß!

VERKÄUFERIN:	Schwarz-weiß. Kuh, Zebra oder Dalmatiner?
HERBERT:	Sie haben überhaupt keine Ahnung von Fußball! Schon mal was davon gehört: Das Runde muss ins Eckige?

Daraufhin schaute die Verkäuferin Jasmin Touché ihren Kunden abfällig von oben bis unten an, ließ ihren Blick mitleidig in seiner Mitte verharren und holte dann mit spitzen Lippen Luft.

VERKÄUFERIN:	Sie haben noch nie mit einem Ball! Oder?
HERBERT:	Ich verstehe nicht …
VERKÄUFERIN:	Sie müssen sich nicht schämen! Viele Männer sind Newbies. Sie glauben nicht, wie ungeschickt sich Männer beim ersten Mal anstellen.
HERBERT:	Ich bin Innenverteidiger! Seit zwanzig Jahren! Der Staubsauger der Mannschaft! Was denken Sie, was die Jungs für Druck haben ohne mich!
VERKÄUFERIN:	Ich finde, Sie sollten sich dafür nicht hergeben. Empfehlen Sie doch Ihren Jungs dieses Anfängermodell hier. Äußerst strapazierfähig, naturbelassen und sehr authentisch. Sehen Sie diesen seidigen Glanz? Wenn Sie den Ball umdrehen, ist gleich neben dem Ventil ein aufgedruckter Schönheitsfleck.
HERBERT:	Ich flehe Sie an. Einen ganz einfachen Ball!
VERKÄUFERIN:	Gut. Wie Sie wollen. Wir haben derzeit drei internationale Spitzenmodelle im Angebot. Sehr preisgünstig. Zum Selbstaufblasen. Mit Spezialreiniger. Selbstverständlich in einer diskreten Verpackung!

Daraufhin begann Herbert Holzner, völlig unmotiviert auf die Bälle einzutreten. Er faselte etwas von Spannen, Innen- und Außenrist, Blutgrätsche und dass Picke Scheiße sei. Das Ganze dauere zweimal 45 Minuten, und dass man die Hände dazu nicht nehmen dürfe.

Herbert konnte durch Worte nicht mehr beruhigt werden. Die Verkäuferin Jasmin Touché hatte es geahnt. Alles in dieser Boutique, was einem Ball ähnlich sah, trat er rücksichtslos mit Füßen. Den Mitarbeitern einer herbeigerufenen Ambulanz gelang es schließlich, ein Beruhigungsmittel zu spritzen.

Inzwischen geht es Herbert Holzner den Umständen entsprechend gut. Auch wenn die Therapie keinen wirklichen Erfolg verspricht, nach ersten erfreulichen aber unbestätigten Berichten ist er inzwischen bereit, seine Position als Staubsauger zu überdenken.

DAS SONNTAGSSPIEL

Jeden Sonntag ab zehn Uhr war es vorbei mit der geliebten Ruhe für Kriminalhauptkommissar a. D. Erwin Moser. Zumindest in den Monaten April bis Juni und September bis Mitte November. Welcher Bierlaune die Idee entsprungen war, eine Stammtischliga zu gründen und regelmäßig am Wochenende Spiele abzuhalten, hatte er in seiner aktiven Zeit als Polizist nicht zu ermitteln vermocht. Das war auch kein wirklich wichtiges Detail. Dennoch, Vollständigkeit gehörte zu den Grundprinzipien seiner Arbeit. Inzwischen konnte es ihm eigentlich egal sein, aber Moser war es *nicht* egal, denn damit blieb sein letzter Fall als Kriminalhauptkommissar unaufgeklärt. Sein Lebenswerk als Hüter von Recht und Ordnung sowie sein tadelloser Ruf als erfolgreichster Kriminalbeamter seines Reviers waren beschädigt, ein Ärgernis, das ihn so etwas wie sportlichen Ehrgeiz entwickeln ließ. Deshalb verpasste Moser keine Begegnung der Kneipenmannschaften, in der Hoffnung, den Fall doch noch zu lösen.

Vor zwei Jahren war Gunnar Engel, Stürmer der *Sportsfreunde Blutgrätsche 05* mitten in der Meisterschaft spurlos verschwunden. Genau genommen hatte man den Sarg, in dem der langjährige Mannschaftsführer und Stammtischveteran seine letzte Ruhe gefunden hatte, entwendet.

Es hatte damit angefangen, dass Engel zuerst nicht zum obligatorischen Treffen in seiner Stammkneipe erschienen war. Für ihn ungewöhnlich, denn dass er leichtfertig die Führungsposition bei der traditionellen Bundesligawette aufgab, passte nicht zu ihm. Als er allerdings dann am darauffolgenden Sonntag auch nicht zum Spiel gegen die *Brauhausdesperados* erschien, machten sich seine Freunde ernsthaft Sorgen. Alle Versuche Gunnar Engel zu erreichen, blieben erfolglos. Schließlich benachrichtigten sie die Polizei. Diese fand ihn, konnte jedoch nur noch seinen Tod feststellen. Der Mannschaftsführer der *Sportsfreunde Blutgrätsche 05* war in seinem Jogginganzug bei Bier und Knabbergebäck vor dem laufenden Fernseher und dem Sportkanal sanft entschlummert. Der Todeszeitpunkt lag nach der Einschätzung des Rechtsmediziners zwischen 18:30 Uhr und 20 Uhr am Vortag, also zur Zeit der Berichterstattung über die englische *Premier League* und die spanische *Primera División*. Nach übereinstimmender Meinung der Fußballfreunde war dies ein idealer Zeitpunkt, um auf Gottes Reservebank Platz zu nehmen.

Drei Tage später wurde Mittelstürmer Gunnar Engel in seinen besten Anzug gezwängt und aufgebahrt, damit sich seine Kollegen, Bier- und Sportsfreunde von ihm verabschieden konnten. An dem Morgen hatte das eigentliche Drama begonnen.

Den Abordnungen der einzelnen Kneipen gelang es allerdings nicht, zu kondolieren. Über Nacht war der Sarg samt sterblicher Überreste spurlos verschwunden. Der Verband der Bestattungsunternehmen, der sich stets zum Stammtisch im *Jenseits* traf, erstattete daraufhin Anzeige. Für die Bestatter war dies ein äußerst peinlicher Vorfall. Die Jungs, die in der Mannschaft *Sarg Adé e. V.* spielten, konnten sich nicht erinnern, dass Derartiges e in ihrer langen Tradition schon einmal geschehen war. Auch wenn Engels letztes Horizontalgefäß nicht als hochpreisig galt, hielten sie ihre These, ein Dieb habe die Totenlade aus Geiz gestohlen, durchaus für denkbar. Dass jemand die Leiche ohne Sarg verscharrt hatte, um am Ende seines Lebens Geld zu sparen, hielt einer ernsthaften Prüfung jedoch nicht stand.

Der Anzeige musste mit allem Nachdruck nachgegangen werden, denn Sargdiebstahl, ob nun mit oder ohne Inhalt, ließ sich von Amts wegen unmöglich ignorieren. Nicht auszudenken, wenn das Vorgehen Nachahmer finden würde. Die Vorstellung, dass jemand sterbliche Überreste unsachgemäß in städtischen Blumenrabatten ablegte oder gebührenfrei in Parkhäusern zwischenlagerte, würde mit hoher Wahrscheinlichkeit zu einer sprunghaften Zunahme von Pro-forma-Krankschreibungen sensibler Ordnungsamtsmitarbeiter führen.

Kriminalhauptkommissar a. D. Erwin Moser, der damals noch im Dienst gewesen war, interessierte sich weder für Fußball, noch trank er Bier. Auch Kneipen besuchte er nicht. Unglücklicherweise lebte er in einer Wohnung, von deren Balkon aus man direkt auf den Fußballplatz schauen konnte. Für seinen Chef war somit zweifelsfrei klar, dass Moser der ideale Mann war, um den Fall aufzuklären.

»Den Engel haben wahrscheinlich Spieler einer konkurrierenden Mannschaft entwendet«, kombinierte der Abteilungsleiter für *Delikte am Menschen* und nickte Moser wissend zu. »Eine Art Trophäe, um den Gegner zu demütigen.« Dann übergab er ihm feierlich die Akte, als handele es sich um die letzten Finalkarten für die kommende Fußballweltmeisterschaft. Stolz klopfte er ihm auf die Schulter und sagte: »Keiner ist näher an den Verdächtigen dran. Haben sozusagen VIP-Plätze. Kleinigkeit für Sie!«

Auch wenn Moser es nicht wahrhaben wollte, die Theorie eines Trophäendiebstahls war nicht ganz auszuschließen. Zu oft hatten die *Sportsfreunde Blutgrätsche 05* die Meisterschaft der Kneipenliga für sich entschieden. Zu oft stand der Pokal *Die dribbelnde Haxe* auf ihrem Stammtisch. Banner und Vereinsfahnen wurden entwendet, so etwas kam regelmäßig vor.

Warum sollte nicht auch einmal ein Sarg gestohlen werden?

Seit dem Auftrag seines Chefs hatte Moser widerwillig jeden Sonntagmorgen die dickbäuchigen Tresenpotatoes beobachtet, wie sie lautstark und mit der Grazie von Zementsäcken den Ball schnaufend und schwitzend über den Platz jagten.

Das Spiel dauerte zweimal dreißig Minuten. Manchmal schafften sie auch nur *einmal* dreißig Minuten und ließen die zweite Halbzeit aus gesundheitlichen Gründen wegfallen.

Zuerst befragte Moser die Spieler der *Sportsfreunde Blutgrätsche 05* in ihrem Vereinslokal *Zum Freistoß*. Die Betroffenheit der Männer, die sich nachdenklich an ihren Gläsern festhielten und im Bierschaum nach Antworten zu suchen schienen, war deutlich zu spüren. Hartgesottene Kerle mit sensiblen Seiten.

Moser ahnte, dass es schwer werden würde, etwas herauszufinden. Er setzte sich zu ihnen, bestellte eine Apfelschorle und stellte seine Fragen. Viel erfuhr er nicht.

Trinkfest sei der Engel gewesen, ein Pfundskerl durch und durch, eine ehrliche Haut, für jeden Spaß zu haben, mit einem Mordsbums im linken Fuß. Ein paar Episoden wurden erzählt. Mehreren Bällen wäre am Torpfosten oder an der Latte die Luft ausgegangen. Einer seiner Gegenspieler hätte vier Wochen lang die Vögel zwitschern hören, als der Ball bei einem Freistoß seine Glocken zum Läuten gebracht hatte. Unvergesslich auch das legendäre Tor aus dem Jahre 2005 gegen die Bayern, als Gunnar Engel das Leder aus fünfundzwanzig Metern Entfernung direkt in den Dreiangel versenkt hatte.

»Unser bester Mann!«, schwärmte Masche, der Torwart und gute Seele der Mannschaft. »Hat sich immer für einen guten Zweck eingesetzt. Besonders kranke Kinder oder so«, ergänzte er noch, weil er es wichtig zu finden schien.

»Keine Chance für den gegnerischen Torwart. Mindestens Tor des Monats. Wie gesagt, einen Mordsbums hatte der Engel.« Stolz wies Masche auf ein Zeitungsfoto, das einen Ehrenplatz in der Stammtischecke innehatte. Es zeigte

Engel, wie er den Ball mit dem Vollspann erwischte und an seinem Gegenspieler vorbeizirkelte. Eine, wenn nicht *die* Sternstunde, seit die *Sportsfreunde Blutgrätsche 05* auf Gottes grüner Wiese Fußball spielten.

Einen Verdacht, wer den Sarg mit dem ehemaligen Stürmer entwendet haben könnte, hatte jedoch niemand.

Nach und nach besuchte Moser alle Mannschaften in ihren Stammkneipen, erntete skeptische Blicke wegen seiner Getränkewahl und kam keinen Schritt weiter. Letzte der Stammtischliga waren in der damaligen Saison die Jungs aus dem Biergarten *Hammer Eck* gewesen, die ihre verschworene Gemeinschaft liebevoll *Tresenvereinigung Abseitsfalle* genannt hatten. Wie erwartet, hatte natürlich keiner von ihnen mit der unerlaubten Entwendung Engels zu tun. Wenn jemandem eine solche Gemeinheit zuzutrauen war, behaupteten sie, dann *Tante Käthes Wampenfreunden,* die dafür bekannt waren, mit miesen Tricks, nicht nur auf dem Rasen, zu arbeiten.

Tante Käthes Wampenfreunde trafen sich regelmäßig in der *Torfabrik.* Auf den Vorwurf hin, sie hätten Engel heimlich verbuddelt, schworen sie lautstark Rache, sportliche natürlich, sobald die Spielansetzung dazu Gelegenheit gäbe.

Auch die Befragung der anderen Mannschaften, der beteiligten Schiedsrichter sowie einiger treuer Fans führte zu nichts. Sarg und Engel blieben verschwunden. Verschwörungstheorien hatten an den Biertischen Hochkonjunktur. Über psychologische Kriegsführung, den Verlust historischer Wurzeln oder eine deutsche Spielart exotischen Voodoozaubers wurde ernsthaft diskutiert. Höhepunkt war der Gedanke, Engel könnte von Außerirdischen zu Forschungszwecken entführt worden sein. Die Situation eskalierte. Jeder verdächtigte jeden.

Die Klärung der Meinungsverschiedenheiten und Schuldzuweisungen über den unsäglichen Sargdiebstahl wurden auf den Rasen verlagert. Moser blieb nichts anders übrig, als widerwillig Zeuge der sonntäglichen Scharmützel zu werden. Manche Spiele verzeichneten mehr Unterbrechungen, als tatsächliche Spielzeit. Das Prinzip der Vendetta wurde gegen Knie, Knöchel, Schienbeine und Achillesfersen angewendet. Derartige Unnachgiebigkeiten führten unweigerlich dazu, dass die Reihen der Kneipenkicker sich deutlich lichteten. Die restlichen Spiele der Saison mussten ausgesetzt werden. Der Kneipenliga drohte das Aus.

Schließlich trafen sich die Vertreter der Mannschaften auf neutralem Boden, im *Bio-Café Karotta*. Die verfeindeten Mannschaftsvertreter stritten bei klimafreundlichem Bio-Bier lautstark, ob die Spielsaison vorfristig beendet werden müsse, und wem der Pokal *Die dribbelnde Haxe* zugesprochen werden sollte. Deutliche Worte wurden gefunden. Worte, die sprachlich kompostierbar waren und auf tierische Befindlichkeiten keinerlei Rücksicht nahmen.

Nach mehreren Runden Bio-Bier einigten sie sich schließlich doch.

Am nächsten Spieltag wollte man Gunnar Engel mit einer Schweigeminute gedenken. Alle waren sich darin einig, dass der geniale Stürmer und standhafte Trinker nie einen Abbruch der Meisterschaft gewollt hätte.

Wenige Wochen später musste Kriminalhauptkommissar a. D. Erwin Moser die Akte Gunnar Engel dem Archiv überlassen. Er hatte das Pensionsalter erreicht. Sein letzter Fall blieb ungelöst. Wo auch immer Engel sein mochte, Moser war sich sicher, der ehemalige Stürmer würde seine letzte Ruhe gefunden haben. Nur für den alten Kommissar galt das nicht, denn jeden Sonntag wurde er lautstark an den mysteriösen Fall erinnert. Selbst zwei Jahre später hatte sich daran nichts geändert.

An diesem Wochenende nun fand das diesjährige Saisonfinale statt. Der übliche Favorit *Sportsfreunde Blutgrätsche 05* trat gegen die *Himmelsstürmer* der evangelischen Pfarreien an. Beide Mannschaften hatten den gleichen Punktestand. Es war ein klassisches Endspiel, und es versprach spannend zu werden.

Gegen elf Uhr betraten die Mannschaften den Platz. Alle Freunde der Kneipenliga waren gekommen, um den Höhepunkt des Jahres gebührend zu feiern. Kriminalhauptkommissar a. D. Erwin Moser stand auf seinem Balkon und verfolgte den üblichen Streit, ob nun acht oder neun Männer gleichzeitig spielen durften, und ob es Beschränkungen beim Auswechseln geben sollte. Wie immer einigte man sich auf keine Beschränkungen, was erfahrungsgemäß jedes Mal gegen Ende des Spieles dazu führte, dass in kurzen Zeitabständen hyperventilierende Spieler vom Rasen krochen. Andere nahmen sich dann todesmutig der verlassenen Positionen an. Jegliche Warnungen des Körpers wurden ignoriert. Fast schien es so, als wären die Konkurrenten eher bereit zu sterben, als einen Ball rollen zu lassen, der spielentscheidend sein konnte.

So war es auch in diesem Endspiel. Beide Mannschaften waren gleich stark. Man schenkte sich nichts. Sportlicher Ehrgeiz, gemischt mit einer Überdosis Testosteron, prallte aufeinander.

Um 11:23 Uhr bekam Gerd Hinterseher eher zufällig den Ball auf der linken Seite. Schnell wischte er sich den Schweiß von der Stirn und schaute sich um. Der gelernte Fleischer und Inhaber der *Blutwurstoase* sowie jahrelanger Innenverteidiger, der wegen seines stoischen Verharrungsvermögens *Zerleger* genannt wurde, erkannte: Vor ihm war alles frei. In Todesverachtung begann er den Einhundertmetersprint. Elegant stupste er mit der Fußspitze den Ball nach vorn. 127 Kilogramm, auf 1,74 Meter Körpergröße verteilt, beschleunigten fast ansatzlos. Sein Puls stieg auf den ersten dreißig Metern auf 160 Schläge. Seine beiden gewaltigen Lungenflügel schienen die ihn umgebende Luft innerhalb einer

Sekunde mehrmals vollständig umzuwälzen. Die Fans der *Sportsfreunde Blutgrätsche 05* brüllten vor Begeisterung.

Hugo Selig, Pfarrer und Kettenraucher, den alle nur Schlot nannten, war die letzte Verteidigungslinie der *Himmelsstürmer*. Offensichtlich glaubte Schlot, mit Gottes Hilfe den Raum vor dem Strafraum sperren zu können. Ein verhängnisvoller Fehler. Die Möglichkeit, links oder rechts an Schlot vorbeizuziehen, konnte der Zerleger nicht mehr realisieren. Zu diesem Zeitpunkt befand er sich, rein physikalisch gesehen, in einem Optimum von Masse und Beschleunigung. Ein Ausweichen war unmöglich. Schlot bekreuzigte sich hastig, machte aber keine Anstalten, dem Aufprall auszuweichen. Das Knacken, das mit einer beachtlichen Vokalfolge von u und a einherging, verursachte den anderen Spielern Gänsehaut.

Auch Erwin Moser zog automatisch den Kopf ein. Der Zerleger strauchelte, stürzte hart zu Boden, walzte die letzte Verteidigungslinie der Himmelsstürmer nieder und rollte mehrere Meter über den Rasen, bis er endlich vor der Strafraumlinie zur Ruhe kam. Daran, dass es ein Foul gewesen war, gab es keinen Zweifel. Nur darüber, wer es begangen hatte. Es kam zu Tumulten. Spieler beider Mannschaften gingen aufeinander los. Einige ließen sich theatralisch zu Boden fallen, massierten traumatisierte Waden oder gedemütigte Oberschenkel. Rivalisierende Fans, die noch vor kurzem auf jedes Tor gemeinsam einen Kümmerling geköpft hatten, rannten um die Wette, um des Unparteiischen habhaft zu werden. Das Chaos war perfekt.

Nur Kriminalhauptkommissar a. D. Moser behielt die Ruhe. Etwas an dem Sturz des Zerlegers war ungewöhnlich gewesen. Noch bevor er Schlot erreicht hatte, war sein Sturmlauf jäh unterbrochen worden. Eine Fremdberührung hatte definitiv nicht stattgefunden. Dass der Inhaber der *Blutwurstoase* eine Schwalbe markierte, war auszuschließen. Nachdenklich holte Moser aus seinem Schreibtisch den Feldstecher und betrachtete das Spielfeld.

An jener Stelle, an der der Zerleger gestrauchelt war, befand sich eine Vertiefung. Keine zwei Meter lang und lediglich vierzig Zentimeter breit. Die Spieler der *Sportsfreunde Blutgrätsche 05* sahen sich betroffen an. Und noch während die aufgeregten Himmelsstürmer sich um ihren Mannschaftskameraden kümmerten, ging Moser mit einem Lächeln ans Telefon. Als sich sein ehemaliger Chef meldete, sagte er nur kurz: »Gunnar Engel finden Sie genau an der Stelle begraben, wo er sein legendäres Tor gegen die Bayern geschossen hat. Rechte Seite, kurz vor der Strafraumgrenze.«

FÜNF WORTE NUR

Den ganzen Tag über verspürte er eine bedrückende Unruhe. Eine dunkle Ahnung hatte ihn gequält und jetzt, wo er den Briefkasten öffnete, bestätigte sie sich. Der Umschlag trug weder einen Absender, der verriet *von wem,* noch einen Poststempel, der zeigte *wo* er aufgegeben worden war. Der Verfasser hatte es nicht einmal für nötig gehalten, ihn zuzukleben. Erstaunlich, da der Name des Empfängers in filigranen Druckbuchstaben geschrieben auf der Vorderseite stand.

JOCHEN GEBAUER – PERSÖNLICH

Schon lange hatte er den Namen nicht mehr gelesen, geschweige denn gehört. Die Unruhe war sofort wieder gegenwärtig. Ahnungen. Jochen Bartel umgab alles Fremde mit Ahnungen. Unerwartetes barg grundsätzlich Schrecken. Auch diesmal bedurfte es nur eines Briefes, um ihn aus seinem Rhythmus zu bringen und ihn unsicher das Treppenhaus beobachten zu lassen. Es war ruhig, kein Geräusch verriet, dass sich jemand versteckt haben könnte. Heute hatten seine Befürchtungen allerdings ihre Berechtigung. Der Name *Gebauer* war mit seiner Hochzeit vor fünfzehn Jahren getilgt worden. Seitdem unterschrieb er mit dem Namen *Bartel, Jochen Bartel.*

Er holte tief Luft, verharrte einen Augenblick und stotterte anschließend den verbrauchten Atem aus. Nach mehreren Wiederholungen spürte er, wie sich langsam innerlich Ruhe einstellte. Jetzt erst vermochte er, den Brief lesen.

Mein lieber Joge,

erinnerst du dich an mich? Sicherlich. Wie könntest du deine liebe Freundin Sula vergessen. Wie lange ist das jetzt her? Ein Vierteljahrhundert? Wie die Zeit vergeht. Es war nicht leicht, dich zu finden, eigentlich unmöglich, da du deinen Namen geändert und keine Adresse hinterlassen hast. Nun ist aber der gute alte Zufall anderer Meinung.

Wir sind aneinander vorbeigelaufen, und du hast es nicht bemerkt. Inzwischen weiß ich, dass du regelmäßig in diesem Biomarkt einkaufen gehst. Euch scheint es gut zu gehen. Das freut mich.

Ich hätte dich beinahe nicht erkannt. Aus dem schmalen Jungchen von damals ist ein wohlbeleibter, gut aussehender Herr geworden. Lediglich diese eine Geste, dieses kaum sichtbare Kopfschütteln und jenes Geräusch, das du machst, wenn du aufgeregt bist oder dich unbeobachtet glaubst, haben dich verraten. Früher fand ich diesen Tick toll, es wirkte, als würdest du eine Fliege aus der Luft saugen. Heute amüsiert es mich nur noch. Offensichtlich haben sich deine Frau und deine beiden Kinder daran gewöhnt.

Übrigens eine nette Frau. Auch die Mädchen sind zauberhaft. Zwillinge, wie süß. Ich schätze, sie sind in dem Alter, in dem du damals warst. Zehn oder elf.

Keine Angst, sie wissen nichts von mir. Es ist auch nicht notwendig. Du siehst das sicherlich genauso.

Mein lieber Joge, ich kann mir einen anderen Namen für dich gar nicht vorstellen, wir werden uns heute Abend treffen. Ich freue mich darauf. Unweit von deiner Wohnung gibt es das Restaurant Schambala. Es ist ein guter Ort, zu reden. Ich weiß, dass du kommen wirst. Freundschaft vergeht nicht, und Versprechen haben kein Verfallsdatum. Wusstest du das?

Deine Sula

Sula stand für Susanne Latenberg, Joge für Jochen Gebauer, seinen früheren Namen. Er musste sich auf die Stufen setzen. Es gab keinen Zweifel, Sula hatte ihn gefunden. Nach fünfundzwanzig Jahren hatte sie ihn ausfindig gemacht.

Er war zehn Jahre alt gewesen, als die Frau, die er niemals Mutter nannte und die sein Vater trotz all seines Flehens später geheiratet hatte, bei ihnen eingezogen war. Plötzlich sollte es wieder eine Familie geben. Die Fremde, ihr Sohn Uli, der Vater und er.

Seine Mutter war zwei Jahre zuvor gestorben. Die Erinnerung an ihr Gesicht und ihr Lächeln begannen zu jener Zeit schon zu verblassen, nicht aber ihre Stimme und ihre Geschichten. Selbst nach ihrem Tod hatte er ihr jeden Abend fünf verschiedene Worte zugeflüstert, damit sie ihm eine Gutenachtgeschichte erzählen konnte.

Drachen … Ritter … Bratwurst … Sturm … Wäscheleine

Ein Betrunkener hatte seine Mutter auf dem Heimweg mit dem Auto angefahren. Angeblich war sie gleich tot gewesen. Seit diesem Tag wusste Jochen, dass all die Worte aus ihrem Körper geflohen waren und nun durch die Welt irrten. Sobald er glaubte, ein Wort zu hören, das ihrem Mund entsprungen war, zog er schnell die Luft ein. Zu jener Zeit begann der Tick, den er ein Leben lang nicht loswerden sollte.

Seinem kindlichen Empfinden nach war es falsch, eine fremde Frau Mutter nennen zu müssen.

Das Haus, in dem sie lebten, war zu klein für vier Personen. Gern hätte Jochen sein Zimmer für sich behalten, aber ihm war nichts anderes übrig geblieben, als es mit seinem Stiefbruder zu teilen.

Von Anfang an hatte er ihn nicht leiden können. Sobald er ein Wort seiner Mutter schluckte, lachte Uli ihn aus. Uli amüsierte sich, wenn Jochen nachts fünf Worte flüsterte und sich dann eine Geschichte erzählte. Uli war gemein zu ihm.

Seine Mutter hätte das niemals zugelassen. Heute würde er dieses Gefühl Hass nennen. Es war sein Zimmer gewesen. Es waren ihre Geschichten. Der Stiefbruder war hier fremd. Uli gehörte nicht hierher.

Nach dem Tod der Mutter hatte sich Sula um Jochen gekümmert. Sie passte auf ihn auf und verdiente sich ein bisschen Geld damit, dass sie gemeinsam Schularbeiten machten. Sula war vier Jahre älter als Jochen, und mit der Zeit hatte er sie wie eine Schwester empfunden. Sie tröstete ihn, wenn er sich einsam fühlte und achtete auf dem Schulhof darauf, dass ihn niemand ärgerte. Kam Uli ihm zu nah, verjagte sie ihn. Manchmal nahm sie Jochen auf den Schoß, damit die Erinnerungen ihn nicht zu sehr drückten. Sie flüsterte einen Singsang, den er nicht verstand und von dem sie behauptete, dass es sich um magische Formeln handelte. Sula war der festen Überzeugung, ihre Großmutter sei eine Hexe gewesen, und auch sie habe in sich die Fähigkeit, zaubern zu können. Sie vermochte es, Dinge verschwinden zu lassen. Nicht einfach nur von einem Ort zum anderen, sie gingen für immer verloren. Tief in seinem Innersten hatte Jochen damals gehofft, dass Sula seine Mutter zurückholen würde. Aber das konnte niemand.

Selbst heute noch wusste er genau, wann er sie zum ersten Mal gebeten hatte: »Zaubere ihn weg. Ich wünsche mir so sehr, dass du Uli verschwinden lässt.«

In einer der oberen Etagen wurde eine Tür geöffnet. Jochen Bartel erhob sich und steckte den Brief in seine Jackentasche. Er stieg die Treppe hinauf, grüßte die Nachbarin höflich und öffnete seine Wohnungstür.

Janine und Judith rannten sofort aus ihrem Kinderzimmer, um ihn zu begrüßen. Selbst er konnte manchmal nicht mit Bestimmtheit sagen, wer von den beiden wer war. Er beugte sich zu ihnen herab, schnupperte wie ein Hund an ihren blonden Haaren, knurrte ein bisschen und schlabberte an ihrem Hals. Dann zeigte er auf eine der beiden und verkündete: »Wuff, du bist Janine!«

Die Mädchen kicherten und schlugen sich gleichzeitig gegen die Stirn.

»*Ich* bin Janine«, sagte die andere lachend.

»Sie ist Janine. Ich bin Judith. Das musst du doch riechen«, ergänzte ihre Schwester.

Ab und an überredeten sie ihre Mutter dazu, sich einen Hauch Parfüm aufsprühen zu dürfen. Judith mochte mehr die süßlichen Düfte. Janine eher etwas Herbes, Frisches.

Erstaunt schnüffelte er nochmals an seinen Töchtern.

»Wuff! Es sollte Duftwasser der Sorte Thunfischpizza mit Leberwurstmarmelade oder Grießbrei mit Marzipansalami geben. Jawohl. Wuff, Wuff!«

Die Mädchen rannten kreischend los, und er folgte ihnen. Sie liebten dieses Spiel. Jeden Abend musste er sich eine neue Duftkombination ausdenken.

Seine Frau stand in der Küche und sortierte den Einkauf in den Kühlschrank. Miriam hatte ihr eigenes System und egal, in welches Fach er etwas gelegt hatte – sie nahm es wieder heraus, um der Wurst oder dem Käse einen anderen Platz zuzuordnen.

Jeder hat so seine Ticks, hatte er irgendwann festgestellt und es aufgegeben, ihr Schema verstehen zu wollen.

»Heute gibt es Crêpes«, verkündete sie und gab ihm flüchtig einen Kuss, um sich gleich wieder ihrer Lagerwirtschaft zuzuwenden.

»Ich werde heute Abend nicht hier sein«, hörte er sich sagen. »Ich treffe einen Kollegen, der ein paar Tage in der Firma zu tun hat. Er ist auf Dienstreise. Die Geschäftsführung hat mich darum gebeten.«

Miriam blickte ihm prüfend in die Augen, und er hatte sofort das Gefühl, sie durchschaue ihn vollständig.

»Ein *wichtiger* Kollege?«

»Jemand von der Revision. Er kontrolliert die Unterlagen. Lohnsteuer und solche Dinge. Du kennst ihn nicht.«

Sie packte den Käse in eine Dose und erinnerte ihn, wie jeden Tag, an seine Medikamente: »Vergiss deine Tabletten nicht.«

Jochen Bartel nickte kurz, war aber schon wieder mit den Mädchen beschäftigt und ließ einen Kuschelbär über den Tisch stolpern.

»Schönen Gruß vom Apfelmus! Schönen Dank vom Kühlschrank! Schönen Tag wünscht der Kräuterquark!«

Jedes Mal verneigte sich der Teddy, als wären Janine und Judith Prinzessinnen. Seine Frau schien sich zu amüsieren, während sie sich ihre Hände an der Schürze abwischte.

Punkt 20 Uhr betrat Jochen Bartel das *Schambala*. Er hätte sich denken können, dass es eine Raucherkneipe war. Musik hämmerte aus den Lautsprechern, und er musste sich zwischen den Gästen hindurchdrängen. Die Kneipe war gut besucht, die meisten Anwesenden schienen jedoch eindeutig jüngere Jahrgänge zu sein. Lange brauchte er nicht zu suchen. Sula saß in einer Ecke auf einem Sofa, das bei der letzten Entrümpelung wahrscheinlich vergessen worden war. Das ganze Ambiente des Ladens hatte seine beste Zeit hinter sich. Warum Menschen sich in der Umgebung morbider Möbel und verstaubter Ausstattungen wohlfühlten, hatte Jochen nie verstanden.

»Schön, dich zu sehen«, begrüßte sie ihn und nahm dann einen Schluck aus ihrer Bierflasche.

Auf der Straße hätte Jochen Bartel sie nie erkannt. Zwar war sie noch immer schlank, aber das Leben hatte seine Spuren hinterlassen. Ihr Gesicht wirkte vergilbt wie eine alte Zeitung, die irgendwo vergessen worden war. Die Jahre hatten tiefe Falten um den Mund und die Augen graviert. Widerwillig setzte er sich neben sie auf das Sofa und versank sofort darin. Die Federn des altersschwachen Möbels verzichteten längst auf jeden Widerstand, und so konnte Jochen nicht verhindern, dass er an Sula gepresst wurde. Fast hätte er sich entschuldigt, verkniff es sich jedoch.

»Was willst du?«, fragte er und hoffte, dass seine Stimme fest und kraftvoll klang.

»Möchtest du etwas? Ein Bier? Nein, Joge trinkt ja kein Bier. Ich denke, Wein gibt es hier auch. Vielleicht keinen Biowein. Aber ich bin sicher, dass dich der Hauswein hier nicht umbringen wird. Was soll ich dir bestellen?«

»Ich trinke nichts«, antwortete Jochen Bartel ungehalten. »Ich frage dich noch einmal: Was willst du von mir? Geld?«

Sula kicherte. Eine Frau ihres Alters und Aussehens, die derart kicherte, wirkte unangenehm. Sie umfasste seinen Arm, lehnte sich an ihn, als wäre er ihr Liebhaber oder doch zumindest ein sehr enger Freund.

»Joge, Joge, Joge! Sei nicht albern. Kannst du dich an unseren letzten gemeinsamen Sommer erinnern? Du warst verliebt in mich. So ein süßer Junge. Ich habe dir sogar erlaubt, mich zu küssen. Dieses Angebot steht immer noch. Aber ich fürchte, dass du heute darauf verzichten wirst.«

Einige Jahre nach Ulis Verschwinden waren sein Vater, die Stiefmutter und er weggezogen. Sula hatte sich am Tag des Auszuges aus dem Haus kühl von ihm verabschiedet.

»Vergiss dein Versprechen nicht!«, war das Einzige, das sie ihm mit auf den Weg gegeben hatte. Danach hatte er Sula nie wieder gesehen.

Sobald er alt genug war, hatte er seinem Vater und der Frau, die ihm immer fremd geblieben war, den Rücken gekehrt. Von einem zum anderen Tag hatte er beide aus seinem Leben gestrichen. Dass er verheiratet war, einen neuen Namen angenommen hatte und zwei zauberhafte Mädchen ihre Enkel waren, wussten sie nicht.

Jochen Bartel kam sich auf dem Sofa neben Sula wie eine Fliege vor, die einer Spinne ins Netz gegangen war. Es bestand kaum die Möglichkeit, sich zu bewegen. Die Spinne hielt ihn umfasst und schien zu testen, ob er reif und wohlschmeckend sein würde.

Sula war sich seiner anscheinend sicher. Sie ließ seinen Arm los und holte aus ihrer Tasche eine Packung Tabak, Zigarettenpapier und einen Filter, den sie erst einmal von einigen Krümeln reinigen musste. Mit geschickten Fingern drehte sie eine Zigarette, leckte routiniert den Falz an und rollte ihn über das andere Ende. Zufrieden brannte sie das unförmige Gebilde an und inhalierte tief.

»Erinnerst du dich an dein Versprechen? Du hast einen Eid geschworen, Joge!«

In einer Mischung aus Bestürzung und Ungläubigkeit schaute er sie an. Es gab keinen Zweifel, sie meinte es ernst.

»Ich war zehn Jahre alt. Du kannst unmöglich ernsthaft verlangen … Ich wusste doch damals nicht …«

Sie ließ ihn nicht aussprechen. Rücksichtslos blies sie den Rauch in sein Gesicht und funkelte ihn mit ihren dunklen Augen an. Dann trank sie einen Schluck Bier.

»Ausreden! Du warst immer gut, dich aus allem herauszuwinden. Erspare mir das bitte. Du weißt, ich habe das Blut einer Hexe. Hast du vergessen, dass ich Menschen verschwinden lassen kann? So wie Uli, deinen Stiefbruder?«

Jochen Bartel sackte in sich zusammen. Obwohl es Jahrzehnte her war, zweifelte er auch jetzt nicht eine Sekunde daran, dass sie noch heute dazu in der Lage war.

Mit Entsetzen dachte Jochen an jenes Ereignis. Uli war eines Abends nicht nach Hause gekommen. Sein Fahrrad fand man am Wegrand unweit des Dorfes, daneben seine Schultasche. Ulis Sachen waren ordentlich aufeinandergestapelt, so wie er sie jeden Abend vor dem Schlafengehen auf seinen Stuhl legte. Ein paar Fahrzeugspuren deuteten darauf hin, dass der Junge in ein Auto eingestiegen oder hineingezerrt worden war.

Die Polizei ging vom Schlimmsten aus und ließ keinen Zweifel daran, dass es sich um ein Verbrechen handelte. Weder das Auto, noch Jochens Stiefbruder wurden jemals gefunden. Uli war wie vom Erdboden verschwunden.

Sula saß an jenem Abend, als die Beamten der Polizei ihre Hilflosigkeit eingestanden hatten, in der Küche und beobachtete die verzweifelten Gesichter. Niemand beachtete sie. Noch heute sah Jochen vor sich, wie sie ihm in einem unbeobachteten Moment zuzwinkerte.

»Um Gottes Willen, Sula, verlang das nicht von mir. Wir waren Kinder. Das war ein Spiel. Ich habe das niemals ernst gemeint. Meine Mutter hat mir so gefehlt. Ich wollte nur …«

Sula schien ihm nicht einmal zuzuhören. Sie sog an ihrer Zigarette, und als er endlich schwieg, fragte sie: »Sag mir, flüstert dir deine Mutter nachts immer noch Geschichten ins Ohr?«

Obwohl er es nicht wollte, hörte Jochen Bartel plötzlich die Stimme seiner Mutter. Sie bat ihn, fünf Worte zu sagen. Verzweifelt hielt er sich die Ohren zu, aber es half nichts. Sie bestand darauf. Sein Oberkörper begann hin und her zu wippen. Stoßweise zog er die Luft ein.

Rabe … Träume … Auge … Herz … Stille

Er schluckte die Worte. Verzweifelt presste er die Lippen aufeinander. Er wollte nichts sagen, aber es war stärker als er.

Ein Rabe ruhte im falschen Nest.

»Mach, dass sie aus meinem Kopf verschwindet. Bitte!«, presste er gequält hervor.

Sula reagierte nicht darauf. Gleichgültig drückte sie ihre Zigarette in einem Aschenbecher aus.

Wenn du schliefst, deine Träume er getrunken.

Joge begann zu wimmern. Sein Körper zuckte. Verzweifelt hielt er sich den Mund zu. Sula zog seinen Kopf ganz dicht an sich und strich durch sein Haar.

»Das Erstgeborene sollte mir gehören«, flüsterte sie. »Das war der Pakt. Du hast es versprochen. Du hast es geschworen und deinen Eid gebrochen. Warum sollte ich dir jetzt helfen?« Sula begann erbarmungslos zu lachen.

Ein Auge rollte am Horizont. Es ließ sich nicht betrügen.

Sula konnte gar nicht aufhören, zu lachen. Es war ein grässliches Glucksen, das in jene Wunden sickerte, die die Angst in Joge geschlagen hatte.

»Nicht meine Tochter. Das darfst du nicht. Ich liebe sie. Das ist nicht fair. Ich kann sie ja kaum voneinander unterscheiden.«

Sein pochend Herz im Dunkel versunken.

Sula stand auf und neigte sich dicht an sein Ohr. »Deine Erstgeborene. Heute Nacht!«

Dann verschwand sie. Joge sackte in sich zusammen. Ein Häufchen Elend, das sich seiner Tränen nicht schämte. Er hatte es inzwischen aufgegeben, die Stimme seiner Mutter zu verdrängen. Es hatte ja doch keinen Sinn. Gemeinsam flüsterte er mit ihr die letzten Worte der Geschichte.

Ein verzweifelter Schrei der Stille Fest.

❖

Für die Polizei bestand kein Zweifel daran, dass Jochen Bartel ohne Begleitung in das *Schambale* gekommen war. Mehrere Zeugen bestätigten das. Der Wirt und ein paar Gäste hatten den eigenartigen Mann bemerkt. Es kam schon mal vor, dass sich jemand in eine dunkle Ecke verzog und heulte, weil seine Frau durchgebrannt war, oder eine andere Enttäuschung ihn mürbe gemacht hatte. Die meisten betranken sich. Aber nicht dieser Kerl. Für alle Gäste deutlich erkennbar hatte er nicht alle Tassen im Schrank. So einen stört man lieber nicht. Regelmäßig schien er Luft zu schlucken und glaubte, mit seinen Händen etwas abwehren zu müssen. Auch sonst gab es kein Indiz dafür, dass er sich in der Bar mit jemandem hatte treffen wollen.

Eine Polizeistreife hatte Jochen Bartel schließlich nachts mitten auf der Straße aufgegriffen. Er war verwirrt und brabbelte unverständliches Zeug. In seiner Jacke fanden die Beamten sein Portemonnaie mit den Ausweispapieren und einen ungenutzten Briefumschlag, der eine leere Seite enthielt.

Miriam entdeckte am nächsten Tag im Schreibtisch ihres Mannes eine Tüte mit jenen Tabletten, von denen er stets vorgegeben hatte, sie regelmäßig einzunehmen.

Obwohl mehrere Psychologen monatelang versucht hatten, in Jochen Bartels Inneres vorzudringen, um nur eine einzige Frage beantwortet zu bekommen, waren alle Bemühungen erfolglos. Janine, seine erstgeborene Tochter blieb für immer verschwunden.

TANGOSCHUHE

Ronny Kessel wurde Opfer einer Absatzattacke. Seine Bemühungen, die Ehe zu retten, endeten in einem Fiasko.

Nach fünfundzwanzig Jahren wohlwollenden Nebenei-
nanderlebens war seiner Frau der Gedanke gekommen, sich
endlich selbst zu verwirklichen. Einem siebenmonatigen
Filzkurs, gefolgt von einem Workshop – *Tanzen mit Katzen* –
schloss sich eine spirituelle Selbstfindung mit dem Titel *Ent-
panzerung durch weibliches Seelenleuchten* an. Der nächste
Schritt der Selbstverwirklichung war der Besuch einer Tan-
goschule.

Um die Beziehungskrise zu beenden, war Ronny Kessel bereit, emanzipatorische Kompetenz zu beweisen. Es galt, Schuhe für seine Frau zu kaufen.

In welch aussichtslose Situation Männer geraten können, wenn sie um den Erhalt ihrer Beziehung kämpfen, wird in den folgenden Zeilen dokumentiert.

Die Schilderung vermag keine Lösung aufzuzeigen, versteht sich aber als Entscheidungshilfe für all jene, die meinen, ihre Beziehung aufrecht erhalten zu müssen.

ERINNERUNGSPROTOKOLL
(Tangostore Milonga)

Schon das Läuten der Türglocke verriet der Inhaberin Constanze Zähringer, dass ihr Kunde nicht nur unwissend war, sondern in seiner praktizierten Naivität auch gefährlich werden konnte. Ihre Taktik: fachlich überzeugen, Einfühlungsvermögen vortäuschen, dem Kunden seine soziale Inkompetenz deutlich machen.

KESSEL:	Hallo! Ich habe ein Problem und hoffe, Sie können mir helfen.
INHABERIN:	Ein Problem? Haben das nicht alle Männer?
KESSEL:	Ich brauche ein paar Tangotanzschuhe für eine Frau. Größe 36. Bitte nur Originale.
INHABERIN:	*Ihre* Frau oder orientieren Sie sich gerade neu?
KESSEL:	Natürlich meine Frau! Ist sozusagen eine vertrauensbildende Maßnahme. Es besteht die Gefahr einer Trennung.
INHABERIN:	Ach, Sie besuchen einen Tanzkurs. Echt süß. Schauen wir mal. Was für ein Kleid gedenkt Ihre Partnerin zu tragen?

Ronny Kessel griff in seine Jackentasche und nahm einen Zettel heraus. Stolz las er seine Notizen vor.

KESSEL: Olivfarben, knielang, geschlitzt auf der linken Seite, Spaghettiträger, Material Jersey mit eierschalfarbener Spitze am Dekolleté.

INHABERIN: Ah ja. Verstehe. Wie definieren Sie oliv-farben? Grün oder Schwarz?

KESSEL: Olivfarben? Ich weiß nicht. Ich denke grün.

INHABERIN: Ach, Sie *denken*. Trägt Ihre Frau Schmuck? Ringe, Ketten, Broschen, Piercings?

KESSEL: Ich möchte nur ein paar Tangoschuhe erwerben. Das kann doch nicht so schwer sein.

INHABERIN: Mit dieser Einstellung rate ich Ihnen, Badelatschen zu kaufen. Sie haben von Tango doch keine Ahnung.

KESSEL: Ich möchte, dass meine Frau gut aussieht, wenn ich sie übers Parkett führe.

INHABERIN: Führen? Übers Parkett? *Sie?* Glauben Sie ernsthaft, Männer führen? Sie sorgen le-diglich dafür, dass eine Frau nicht umfällt.

KESSEL: Wie bitte?

INHABERIN: Mir genügt ein Blick. Sie haben doch die Beweglichkeit einer Betonplatte. Sie sind doch frei von jeglichem Schwerpunkt.

KESSEL: Schwerpunkt? Was denn für ein Schwer-punkt?

INHABERIN: Hohlkreuz, Bauchansatz und dank Ihrer Plattfüße eine eingeschränkte Bewe-gungsfähigkeit. Kennt man doch. Abends Tango, morgens Fango. Da, wo bei anderen der Schwerpunkt sitzt, haben Sie höchstens einen Masseklumpen.

KESSEL:	Meine Frau lässt sich scheiden, wenn ich ohne Schuhe wiederkomme.
INHABERIN:	Ich finde, das ist in der Tat eine vernünftige Option. Erspart ihr eine Menge blauer Flecken und geklemmter Zehen.
KESSEL:	Irgendein ein Paar Schuhe, bitte.
INHABERIN:	Und woher sollen sie kommen? Wir haben argentinische, spanische, italienische und Sondermodelle aus Island.
KESSEL:	Echte argentinische wären genau die richtigen, quasi die Mutter aller Tangoschuhe.
INHABERIN:	Argentinische? Offen, geschlossen, wie hoch; Blockabsatz oder lieber Barockabsatz; Kreuzriemen, T-Riemen, mit Druckknöpfen, Schleifchen, Schnallen, Pailletten, Glitzer und wenn Glitzer, wo?
KESSEL:	Ganz einfache Schuhe, bitte. Die mit dem roten Leder zum Beispiel.
INHABERIN:	Die Roten? Die sind von jungen Mädchen der Pampa in einem aufwendigen Verfahren über Monate weichgekaut worden. Das nennen Sie einfach?
KESSEL:	Ich will nur Tango tanzen.
INHABERIN:	Nur *tanzen*? Der Tango ist ein trauriger Gedanke, den man tanzen kann. Schon mal darüber nachgedacht?
KESSEL:	Was? Beim Tanzen denke ich nur an meine Füße.
INHABERIN:	Typisch Mann! Denkt immer nur an sich. Die Bedürfnisse Ihrer Frau interessieren Sie nicht die Bohne.
KESSEL:	Was muss ich tun, um ein paar Schuhe zu bekommen? Eine G-Punkt-Garantie abgeben?
INHABERIN:	Sie sind ein chauvinistisches Schwein!

Als Ronny Kessel sich daraufhin eines x-beliebigen Kartons Schuhe der Größe 36 bemächtigte und ein paar Geldscheine auf den Verkaufstresen warf, kam es zur Katastrophe. Ohne jede Ankündigung sprang Constanze Zähringer mit einem Paar Stilettos bewaffnet über den Tresen. Durch ihren Urschrei, einer Mischung aus Wehenschmerz und kehllautartikulierter Verlustangst, paralysierte sie Ronny Kessel vollständig. Dem Stakkato zwölf Zentimeter langer, mörderisch spitzer Absätze hatte er nichts entgegenzusetzen. Blutüberströmt und mit leeren Händen kam er nach Hause.

Kurz darauf wurde die Ehe im gegenseitigen Einvernehmen und wegen unüberbrückbarer Differenzen geschieden.

DAS GEBURTSTAGSGESCHENK

Mareike Arndt, eine mütterlich proportionierte vierzig-
jährige Grundschullehrerin, hatte sich einen Tanzkurs von
ihrem Mann gewünscht. *Tango Argentino.* Genau genommen
jährte sich ihr Ansinnen bereits zum fünften Mal.

Üblicherweise ignorierte ihr Mann den Wunsch. Meist
überraschte er Mareike mit einem Geschenk, das sie sich weder
gewünscht hatte, geschweige denn, das ihr Freude bereitet
hätte. Vom sündhaft teuren Workshop bei einem angesehenen
Fernsehkoch bis hin zum Selbsterfahrungskurs in einem Klet-
tergarten war alles vertreten gewesen, nur kein Tangokurs.

Dieses Jahr jedoch war alles anders. Professor Lutz Arndt,
Inhaber eines Lehrstuhls für Stoffwechselforschung, erfüllte
seiner Frau diesmal ihren Wunsch. Gleichzeitig ließ er keinen
Zweifel daran aufkommen, dass er als Tanzpartner nicht zur
Verfügung stehen würde. Der Kurs sollte ihrer Selbstverwirklichung dienen und nicht dazu, der Allgemeinheit seine
rhythmische Unfähigkeit zuzumuten. Tatsächlich benötigte
Lutz Arndt nur mehr Freizeit, um seinem Hobby frönen zu
können. Außerdem war er der festen Überzeugung, dass es
grundsätzlich nur zwei Arten von Männern gibt, die sich
freiwillig derartiger Bewegungsdoktrin unterordneten. Die
eine Kategorie stand vor dem finalen Aus ihrer Ehe und versuchte lediglich, wenn schon die Beziehung nicht zu retten
war, wenigstens das Ende zeitlich zu strecken.

Die zweite Gruppe umfasste Männer, die noch nie mit
einer ..., oder deren Trennung längere Zeit zurücklag und

die unter Entzugserscheinungen litten. Die Mitglieder der zweiten Gruppe seien sozusagen rollig oder rattenscharf, erklärte er seiner Frau.

Daraufhin zeigte ihm Mareike einen Vogel und bemerkte abfällig: »Du hast sie doch nicht alle!«

»Wir sind doch glücklich verheiratet. Warum soll ich das aufs Spiel setzen?«, gab er zu bedenken, während sie den Gutschein für ein zweimonatiges Basisseminar enttäuscht betrachtete. Selbstverständlich war sie davon ausgegangen, dass sie den *Tango Argentino* gemeinsam mit ihrem Mann erlernen würde. Mareike seufzte theatralisch.

»Stört es dich überhaupt nicht, wenn ich in den Armen eines anderen Mannes liege«, fragte sie und legte jenen Blick auf, mit dem sie am Anfang ihrer Ehe problemlos seinen Schalter auf *formbar* umzustellen vermocht hatte. Inzwischen waren allerdings einige Jahre vergangen und diverse Kilo dazugekommen.

Daraufhin erwiderte Lutz Arndt mit gespieltem Großmut: »Wenn du dich verbessern kannst, lass dich nicht aufhalten.«

Der Kurs begann an einem Sonnabend. Es hatte Mareike einige Mühe gekostet, den richtigen, besser gesagt, überhaupt einen Tanzpartner zu finden. Nachdem sie die Reihen ihrer Freundschaften ergebnislos abgegrast, beim männlichen Teil des Lehrerkollegiums Absagen gesammelt und auf eine Annonce nur zweifelhafte Angebote bekommen hatte, befürchtete sie nun, die Theorie ihres Mannes nicht widerlegen zu können.

Schließlich war es Rolf – zehn Jahre jünger, kräftig gebaut, Hausmeister an der Universität ihres Mannes – der sich bereit erklärte, Mareike übers Parkett schweben zu lassen. Völlig unerwartet meldete er sich auf einen Aushang am Schwarzen Brett der Mensa. Rolf war kräftig, einen Kopf größer als sie, schweigsam, mit beeindruckenden Händen.

Am ersten Abend des Kurses übten sie Körperhaltungen, richtiges Gehen, entspanntes Lächeln bei graziösen Drehungen, wohin welche Hand gehörte und wohin nicht, sowie

Führen und Folgen. Nach Ansicht des Tanzlehrers versprach Rolf ein vorzüglicher Führer zu werden und Mareike die perfekte Folgerin. Wohlgemeinte Worte, die allein der Kundenbindung dienten und mit der Wahrheit wenig zu tun hatten.

Dennoch – der Gedanke, dass sie sich tatsächlich verbessern könne, kam Mareike bei einem Drehwechsel und dem Nachrücken von Rolfs rechtem Fuß mit der obligatorischen Berührung der Oberschenkel. Ein Schauer durchlief ihren Körper. Sie fühlte sich erregt, nahe an einem Seufzer und drückte sich noch ein bisschen dichter an Rolf.

Fast schuldbewusst musste sie an ihren Mann denken. Aber sie erinnerte sich gleichzeitig auch daran, wie er sie im Bett mit wissenschaftlicher Sorgfalt bearbeitete, als gelte es, bei einer Versuchsanordnung Proben möglichst gleichmäßig in einer Nährstofflösung zu versenken. Wenn ihr bei seinen Anstrengungen nach Seufzen zumute war, dann wegen der Monotonie seiner experimentellen Bemühungen.

Ihr Tanzpartner vermochte es zum Glück nicht, ihre Gedanken zu lesen. Rolf war viel zu sehr damit beschäftigt, bis acht zu zählen und Kollisionen mit den anderen Paaren zu vermeiden. Er schwieg, schob, wich aus, drehte und verabschiedete sich erschöpft nach der Tanzstunde.

Die Sache mit dem Verbessern jedoch köchelte bei Mareike weiter auf kleiner Flamme.

Natürlich ließ sie sich in den eigenen vier Wänden nichts anmerken, kümmerte sich um die Alltäglichkeiten und führte mit ihrem Mann die übliche Konversation.

Professor Dr. Lutz Arndt war froh, dass das leidige Thema Tanzen nicht mehr behandelt wurde. Alles schien in Ordnung zu sein.

Mareike allerdings empfand zunehmend ein unbestimmtes, erschreckend animalisches Verlangen. Ein Verlangen, das sie immer häufiger nachts nicht schlafen und in Gedanken die nächste Tanzstunde zu einem erotischen Traum werden ließ.

Am liebsten träumte sie sich in einen alten Tanzsaal. *Río de la Plata* oder *Montevideo.*

Von einer warmen Seebrise umschmeichelt, bewegten sich die Vorhänge an den Fenstern. Rolf betrat den Raum. Gekleidet mit einer eng anliegenden dunklen Hose und dazu passenden Gamaschenschuhen in schwarz-weiß. Er ging – nein, er schritt auf sie zu und betrachtete sie mit unverhohlenem Verlangen. Seine Haare waren mit Brillantine gebändigt und gaben ihm etwas Verruchtes. Er nahm ihre Hand und umfasste mit der anderen ihre Taille. Die sehnsüchtigen Klänge des Bandonions erfüllten den Saal, der mit Hunderten von Kerzen erleuchtet war. Mareike folgte jedem seiner Schritte. Gewichtslos schwebte sie. Ihre Finger glitten über sein rotes Rüschenhemd, welches mit den dunklen Brusthaaren eine verführerische Allianz einzugehen schien. Ihre Blicke verschmolzen zu einem Versprechen. Der Gedanke, was er gleich mit ihrem Körper anstellen würde, ließ Mareike sehnsüchtig aufstöhnen.

»Geht es dir gut? Hast du Schmerzen?«, fragte Professor Arndt besorgt und schaltete die Nachttischlampe an.

»Du bist ja ganz durchgeschwitzt!«, stellte er erstaunt fest und prüfte die Wärme ihre Stirn. »Fieber hast du aber anscheinend nicht!«

»Ich habe nichts. Mir geht es gut. Nur ein … ein Albtraum!«

Die nächste Tanzstunde fand am Freitag statt.

Rolf wartete vor dem Eingang auf sie und machte nicht ganz den erotischen Eindruck, wie in ihren Träumen. Genüsslich biss er von einem monströsen Brötchen ab und begrüßte sie mit vollem Mund. Leberwurst, wie sie später beim Tanzen feststellte. In ihrem Traum roch er immer angenehm nach Minze.

In der nächsten Stunde bemühten sie sich beide, bei einer *Milonga* mit Schrittverdopplung nicht zu sehr auf ihre Füße zu schauen. Es galt, den Rhythmus einzuhalten. Ein Versuch, der vollständig misslang. Zwischen Führen und Folgen entwickelte sich zunehmend eine Kluft, die eher größer als geringer zu werden schien. Rolf versuchte, seine Partnerin mit den Worten zu beruhigen: »Das ist wie beim Autofahren. Am Anfang lässt man die Kupplung auch zu schnell kommen. Und bums, schon ist es passiert.«

Mit der Intention *bums* verband sich bei Mareike die schmerzhafte Erfahrung, dass die Größe seiner Füße und das sie tragende Gewicht ihr nicht gerade zuträglich waren. Dennoch lächelte sie, schwor sich aber, beim nächsten Mal auf einer einfacheren Form des Tanzes zu bestehen.

Professor Dr. Arndt genoss die Stunden, an denen sich seine Frau die Arme eines Anderen zumutete. Wie befürchtet hatte sich niemand gefunden, der sein *Pralinchen*, wie er seine Gattin liebevoll respektlos umschrieb, über das Parkett zu schieben gewillt war. Erst nachdem er eine nicht unbeträchtliche Summe in den Hausmeister der Universität investiert hatte, war die Gefahr, doch selbst Fuß und Hand anlegen zu müssen, gebannt gewesen.

Die gewonnene Zeit nutzte Lutz Arndt, um den Zinnfiguren der preußisch-russischen Koalitionstruppen unter General Bülow liebevoll einen historisch korrekten Anstrich zu verpassen. Für ihn ein wichtiges Detail, um Napoleons Truppen ihre bedeutungsvolle Niederlage in der Schlacht bei Großbeeren zu verdeutlichen. In wenigen Wochen würde der Heimatverein das zweihundertste Jubiläum des Waffenganges feiern, und bis dahin musste er fertig sein.

Für Mareike waren derartige Spielereien Ausdruck einer unbefriedigten Kindheit, gepaart mit zunehmendem Altersstarrsinn. Längst hatte sie begriffen, dass der Tangogutschein nur dazu diente, dass ihr geliebter Göttergatte sich ungestört um die albernen Zinnfiguren kümmern konnte.

»Tanzen fördert den Muskelaufbau, die Motorik, stärkt die Koordination und den Gleichgewichtssinn. Außerdem regeneriert es die Seele. Dir würde das auch ausgesprochen gut tun!«, bemerkte Mareike gereizt, kaum, dass sie nach dem Fiasko der letzten Tangostunde die Wohnung betreten hatte. Wütend öffnete sie das Fenster. Der Duft von Rolfs Leberwurstbrötchen hatte sich gerade erst verflüchtigt, und nun belästigte ihr Mann sie mit dem Gestank von Acrylfarbe und Verdünnung.

»Ich bekomme davon regelmäßig Kopfschmerzen«, behauptete sie, um die Albernheiten ihres Mannes zu unterbinden.

Professor Dr. Arndt zuckte gleichgültig mit den Schultern und verpasste den aufgepflanzten Bajonetten der ostpreußischen Landwehr eine dünne Schicht Klarlack.

Die nächste Tanzstunde endete mit einer Katastrophe. Mareike entglitt Rolf bei einer Achsenkippung, was zu einer beträchtlichen und schmerzhaften Beule führte. Die meisten Kursteilnehmer beließen es bei verständnislosen Blicken. Nicht so der Tanzlehrer. Mit allem Nachdruck belehrte er Rolf, *niemals, unter keinen Umständen,* eine Frau auf das Parkett fallen zu lassen. So sei der horizontale Gedanke des Tangos nicht interpretierbar.

Am nächsten Tag musste Professor Arndt deutliche Worte finden, um den Hausmeister nicht nur zu beruhigen, sondern ihn auch davon zu überzeugen, dass ein Vertrag nicht bei den ersten kleineren Schwierigkeiten gebrochen werden durfte. Schon gar nicht, wenn man Geld dafür genommen hatte. Er erwarte, dass Rolf seiner Pflicht nachkommen und pünktlich zur nächsten Tanzstunde erscheinen würde.

Rolf hatte inzwischen den Anspruch zu führen aufgegeben, und versuchte nur noch verzweifelt, Mareikes Schrittfolgen zu erahnen. Zwischen ihrer künstlerischen Improvisation und seinem mechanischen Aufsetzen der Schuhe Größe 45 bei gleichzeitig vollständig fehlender Geschmeidigkeit der

Hüfte waren die Unterschiede überdeutlich erkennbar. Der Tanzlehrer brachte es auf den Punkt, als er Rolf herablassend mit einem Hydranten verglich, dem bekanntermaßen auch Rhythmusgefühl, Timing und Koordinationsgabe abgeht. Rolf war zutiefst beleidigt und in seiner Ehre gekränkt. Vielleicht wäre alles nicht so schlimm gekommen, wenn Mareike an jenem Abend den Hausmeister in die Arme genommen und getröstet hätte. Doch der Traum prickelnder Nächte in Montevideo hatte sich längst verflüchtigt. Ihre Bemerkung, die an seinen Stolz appellieren sollte: »Bist du ein Weichei oder ein Mann?«, brachte ihren Tanzpartner vollends aus der Fassung. Das erste Mal seit Jahren musste Rolf weinen.

Am nächsten Tag meldete er sich krank. Eine Woche später, am Abend vor dem obligatorischen Tangokurs, besuchte Professor Arndt mit sorgenvoller Miene den Garanten seiner Freizeit.

Rolf hatte in den vergangenen Tagen mehrere Flaschen Alkohol getrunken. Seine Augen waren gerötet. Die schlaflosen Nächte hatten dunkle Schatten in seinem Gesicht hinterlassen. Zum ersten Mal fiel dem Professor auf, dass der rechte Mundwinkel des Hausmeisters leicht zuckte.

Natürlich galt seine Sorge weniger Rolf, als vielmehr dem Jubiläum der Schlacht bei Großbeeren. Es blieb nicht mehr viel Zeit, Bonapartes kaiserliche Garde bis zum letzten Knopf farblich abzustimmen.

»Es sind nur noch fünf Tanzstunden. Ich bitte Sie! Sie schaffen das!«, versuchte der Professor, Rolf ins Gewissen zu reden.

»Ich kann das nicht mehr. Beine kreuzen. Achten tanzen. *Cruzada, Ochos* und *Molinetas.* Davon wird mir ganz schwindlig. Ich habe keine Ahnung, wie man eine Frau dabei gut aussehen lässt!«

»Liegt es am Geld? Ich zahle Ihnen einen Zuschuss! Wie viel wollen Sie?«

»Sie können Ihr Geld wiederhaben. Ihre Frau auch. Ich gehe da nicht mehr hin! Ich ertrage das nicht mehr!«

Professor Arndt betrachte ratlos das Häufchen Elend auf dem Sofa. Bliebe Rolf bei seiner Weigerung, musste die Schlacht auf den Feldern in der Nähe Berlins ausfallen. Dem zweihundertsten Jubiläum drohte die Absage. Mareike würde es nicht dulden, dass er die Zinnfiguren in ihrer Anwesenheit bemalte. Und es war undenkbar, dass die französischen Truppen nackt in den Krieg zogen.

»Ich habe genau kalkuliert. Sie müssen meine Frau noch fünf Freitage über das Parkett schieben. Dann sind auch die Reservekräfte eingekleidet!«

»Was für Reservekräfte?«, fragte Rolf verzweifelt. Er schien auch nicht ansatzweise zu verstehen, um was es ging.

»Ich flehe Sie an! Sie dürfen mich nicht hängen lassen!«

Professor Arndt hatte sich in Rage geredet. Gewohnt, seine Vorlesungen mit einem spitzen Gegenstand zu unterstreichen, nahm er vom Schreibtisch einen Schraubenzieher. Er fuchtelte wild damit herum, als gelte es, seine Argumente in der Luft zu fixieren.

»Haben Sie sich nicht so! Tango ist doch nur ein mechanischer Bewegungsablauf mit ein paar unbekannten Variablen! Das kann doch nicht so schwer sein. Verdammt noch mal! Reißen Sie sich zusammen!«

Rolf sprang wütend auf. Einem in die Enge getriebenen Tier nicht unähnlich, mobilisierte er die letzten Kraftreserven und stürzte sich auf seinen Widersacher. Es kam zu einem Gerangel.

»Sie haben doch von Tango keine Ahnung! Es gibt nichts, was man nicht falsch machen kann«, schrie der völlig Übernächtigte und umklammerte den Professor. Beide tänzelten eng umschlungen durch das Zimmer.

Schnaufend bemerkte Rolf: »Wissen Sie, warum der Mann beim Tango immer nur vorwärtsgeht? Er muss die anderen Kerle im Auge behalten, damit niemand versucht, ihm die Frau wegzunehmen. Aber Sie … Sie wollen Ihre nur loswerden! Und ich muss mich um diese Dickmarie kümmern!«

»Loswerden? Es geht um viel mehr, als um Sie und mich! Es geht um die Freiheit Europas!«, rief Lutz Arndt aus, als gelte es, den Verteidigern der letzten Barrikade Mut zuzusprechen.

»Sie haben sie doch nicht mehr alle. Es geht um *meine* Freiheit«, protestierte Rolf.

»Freiheit ist Einsicht in die Notwendigkeit!«, brüllte der Professor und stolperte, den Schraubenzieher stolz auf den Feind gerichtet, über seine eigenen Füße.

Das Gesicht des Hausmeisters starrte ihn schmerzverzerrt an. Lutz Arndt trat einen Schritt zurück und beobachtete, wie sich der Mann krampfhaft an die Brust griff. Ungläubig betrachtete er seine blutverschmierten Hände.

»Was haben Sie getan?«, fragte Rolf entsetzt und trat langsam auf seinen Widersacher zu. Mit fast unmenschlicher Kraftanstrengung zog er den Schraubenzieher aus seinem Körper und ließ ihn zu Boden fallen.

Ein Lachen, das dem eines verwirrten Geistes nicht unähnlich schien, ließ Professor Dr. Arndt sämtliche Haare zu Berge stehen.

Rolf verließ indes die Kraft. Mit gebrochenen Augen und einem Lächeln, das einen Hauch Erleichterung verriet, sackte er zu Boden.

Professor Dr. Lutz Arndt fand milde Richter. Sie entschieden auf Totschlag im minderschweren Fall. Bei guter Führung konnte er mit einer vorzeitigen Entlassung rechnen.

Die Schlacht um Großbeeren blieb leider unvollendet und konnte anlässlich des zweihundertsten Jubiläums nur in Auszügen präsentiert werden.

Mareike kündigte den Tangokurs aus verständlichen Gründen. Es gab andere Möglichkeiten, um sich selbst zu verwirklichen. Und dafür brauchte sie keinen Ehemann, geschweige denn einen gedungenen Hausmeister.

Wichtig war nur, dass ihre Seele wieder im richtigen Rhythmus schwingen und sich von all den negativen Erlebnissen erholen würde. Es galt, sich etwas Gutes zu tun.

Zum nächsten Geburtstag schenkte sie sich einen Trommel-Workshop zur Stärkung der Schoßkraft und eine Reise nach Afrika.

WER KOCHT, SÜNDIGT NICHT

Für Christian Fuchs gab es keinen Grund, sich zu beschweren. Schon gar nicht über das Essen. Er wurde täglich von seiner sizilianischen Frau mit einer Vielzahl mediterraner Köstlichkeiten verwöhnt, deren Nebenwirkungen sie allerdings mit Sorge beobachtete. Zwei Konfektionsgrößen waren inzwischen auf der Strecke geblieben, und es musste befürchtet werden, dass dieser Trend vorerst anhalten würde.

Für Giulia Fuentes Fuchs gab es nichts Schöneres, als ihrem Mann jeden Wunsch von den Augen abzulesen, zumindest wenn es ums Essen ging. Allerdings interpretierte sie seine Wünsche ganz nach ihren Vorstellungen. Sie kombinierte die Rezepte aus Bella Napoli mit denen der sizilianischen Küche oder ergänzte sie mit Besonderheiten aus der Toskana. Als Vorspeise reichte sie regelmäßig Antipasti oder Bruschetta und an Feiertagen Carpaccio. Dazu gab es duftendes Ciabatta, das mit hochwertigem kalt gepressten Olivenöl getränkt und mit mediterranen Kräutern bestreut war. Ein guter italienischer Wein adelte das Ganze und sorgte dafür, dass das kalorienlastige Glücksgefühl unbemerkt seine Nebenwirkungen entfalten konnte. Gemeinsam gut zu essen, war für Giulia eine Selbstverständlichkeit.

Christian liebte ihre Kochkünste, und auch wenn er nicht kochen konnte, so hatte er sich doch mehrfach erboten, ihr bei den Vorbereitungen zu helfen. Auch was die Auswahl der Gerichte anging, hätte er gern das eine oder andere aus seiner

Kindheit auf dem Tisch gesehen. Wenn es jedoch ums Essen ging, verstand Giulia die deutsche Sprache nicht mehr.

Obwohl es dem modernen Bild einer Frau diametral entgegen stand, waren Töpfe und Herd ihr Terrain, und sie ließ sich da nicht hineinreden.

»Was willst du in meiner Küche?«, hatte sie ihn einmal angefahren, als er versucht hatte, den Inhalt einer Dose Discounter-Linsen in der Mikrowelle aufzuwärmen.

»Wer nicht kochen kann, hat in der Küche nichts zu suchen. Singles machen sich etwas warm. Du bist verheiratet!«

Damit war das Thema erledigt. Weitere Versuche unterließ Christian. Seitdem genoss er, was sie kochte und bewies, dass er nicht nur ein Feinschmecker, sondern auch ein Garant für leere Teller war.

Giulia beobachtete die Zunahme seines Gewichtes mit Sorge. Um dem entgegenzusteuern, blieb ihr nur, weniger und nicht so substanziös zu kochen. Bei diesem Gedanken schüttelte sie verzweifelt den Kopf, rang die Hände gen Himmel und flehte im Geiste ihre Mama um Hilfe an. Als ob diese tatsächlich einen Rat gegeben hätte, lag plötzlich ein Lächeln auf Giulias Gesicht. Es gab noch einen anderen Weg: Reduktion der überzähligen Kalorien durch Bewegung.

Giulia war eine schöne und temperamentvolle Frau. Sie wusste das, und natürlich bestand kein Zweifel daran, dass ihr Mann es genauso sah. Mit Mamas Segen beschloss sie also, ihrem Liebsten jene Bewegungen häufiger zu ermöglichen, die nicht nur ihrem, sondern auch seinem Stoffwechsel gut taten.

Christian liebte seine Giulia und ihre exotische Schönheit. Sophia Lorens Behauptung, dass das Geheimnis prachtvoller Rundungen und einer atemberaubenden Wespentaille dem Genuss von Spaghetti zu verdanken sei, hätte er jederzeit unterschrieben. Auch wenn Christian nicht katholisch war, so dankte er doch jeden Tag Gott dafür, dass er als Mann geboren worden war. Es war ja nicht so, dass er unter einer wenig aktiven Frau litt. Ganz im Gegenteil. Italienisches Temperament traf mehrmals die Woche auf deutsches Stehvermögen, ungezügelte Leidenschaft auf das Pflichtgefühl, *Made in Germany* zu garantieren.

Anfänglich funktionierte Giulias Plan wie erwartet. Ein paar neue Dessous aktivierten bei Christian ungeahnte Reserven. Wohlduftendes Öl ließ beide stundenlang in einem ringkampfähnlichen Zustand agieren. Und einiges an erotischem Spielzeug, das sie über das Internet bestellt hatte, spornte ihn zu erstaunlichen Höchstleistungen an.

Tatsächlich verlor er ein wenig an Gewicht und machte insgesamt einen fitten und unglaublich ausgeglichenen Eindruck. Dass sie schon seit ein paar Jahren verheiratet waren, hinderte beide nicht daran, nach dem Essen alles stehen und liegen zu lassen, um lustvoll übereinander herzufallen. Meist leitete Giulia mit einer Liebkosung und einem eindeutigen Blick ein kurzes, aber intensives sinnliches Scharmützel ein.

Christian beschrieb sich selbst als unfassbar glücklich. Regelmäßig gab es hervorragendes mediterranes Essen. An seiner Seite wusste er eine schöne und heißblütige Sizilianerin, die offensichtlich nicht genug von ihm bekommen konnte. Der Beweis, ein richtiger Mann zu sein, wurde ihm mehrmals am Tag abverlangt.

In wenigen Monaten würden sie ihren 5. Hochzeitstag feiern. Diesmal würde er sich etwas Besonderes einfallen lassen. Es sollte eine sinnliche Überraschung werden, ein Geschenk, mit dem sie niemals rechnen würde.

Nach einigen Wochen resümierte Giulia enttäuscht, dass die erotische Diät nicht den erwarteten Erfolg brachte. Zunehmend entwickelte Christian nach dem Liebesspiel einen Appetit, der sie beunruhigte. Nicht nur, dass er größere Portionen als üblich aß, des Öfteren erwischte sie ihn auch vor dem

Kühlschrank, durch den er sich quasi diagonal durchfutterte. Es kam vor, dass sich Christian, während sie sich auf dem Gipfel der Lust ausruhte, genüsslich Glückshormone in Form einer Tafel Schokolade zuführte. Derart aufgeputscht geriet der Aufstieg in weitere libidinöse Höhen regelmäßig zu einem Parcours kamasutrischer Dimension, bei dem zwar erheblich Kalorien verbrannt, jedoch die Energie der verspeisten Schokolade auch nicht ansatzweise abgearbeitet wurde.

Es kam, wie es kommen musste. Der Zeiger der Waage drehte sich wieder im Uhrzeigersinn. Die Gefahr, ihren Mann neu einkleiden zu müssen, erschien Giulia immer wahrscheinlicher. Die Einsicht, dass ihr Plan gescheitert war, verlangte Konsequenzen.

Vorwurfsvoll lief sie stundenlang durch die Wohnung und diskutierte im Geiste mit ihrer Mutter. So schwer es ihr fiel, es bedurfte harter Einschnitte. Von einem zum anderen Tag servierte sie nicht nur weniger, auch ihre Kochkünste versachlichten sich erschreckend. Die ursprünglich lebensfreudig-mediterrane Küche wandelte sich zu einem modernen gesunden Konzept. Wein wurde zu Wasser gewandelt, Fleisch als Bedrohung definiert, und plötzlich gab es Körner im Essen, die bisher den Vögeln vorbehalten waren.

Auch die Meisterschaften im Bett reduzierten sich auf ein überschaubares Einerlei. Die einst ungestüme Lust wich einer ehelichen Selbstverpflichtung, in der das Bemühen, den Liebesakt nicht unnötig in die Länge zu ziehen, Christian still und nachdenklich werden ließ.

Die Umstellung der Mahlzeiten auf einen ganzheitlichen Ansatz und das Drosseln der sinnesfreudigen Übungen brachte jedoch auch nicht das Ergebnis, welches Giulia angestrebt hatte. Christians Körper rundete und polsterte sich weiter, obwohl die Portionen auf seinem Teller übersichtlich waren und den Vorgaben der Ernährungspyramide entsprachen. Aus unerklärlichen Gründen nahm er weiter zu.

Der Verdacht, dass er sich seine Freuden bei einer fremden Frau holte, kam Giulia, als sie auf seiner Kleidung

Flecken entdeckte, deren Ursprung in keinem ihrer Töpfe zu finden war. Es waren *deutsche* Flecken. Am oberen Teil des Hemdes glaubte sie eine Substanz bestimmen zu können, die man in diesem Land pietätlos *Tote Oma* nannte. In einem anderen, wrasenähnlichen Gebilde befand sich eine Mischung aus Schokolade und Keksresten. Sie wusste, dass ihr Mann für einen Kuchen schwärmte, den er *Kalter Hund* nannte. Seine Behauptung, dass niemand die Kekstorte so gut zuzubereiten vermochte wie seine Mutter, hatte ihre Ehe eine Zeit lang stottern lassen. Endgültig überzeugt, dass eine andere Frau sich um ihren Christian kümmerte, war Giulia jedoch, als sie eine Einladung für ein Spanferkelessen in seiner Jacketttasche entdeckte.

Das Restaurant befand sich in einer Seitenstraße. Über dem Eingang hing ein Schild. Es versprach eine Küche, die sich jeder Form internationaler Beeinflussung entzog.

Zum deutschen Haus
Essen wie bei Muttern

Giulia sah fantastisch aus. Sie trug ein sündhaft teures Tweedkostüm aus Mailand, selbstverständlich mit farblich abgestimmten Schuhen. Die passende Handtasche hatte sie im Internet gefunden. Bei einer Designerin, deren Namen ihr unaussprechlich schien, erwarb sie zudem eine schwarze Seidenblume, die sie einem Trauerflor gleich am Revers trug. Nicht, dass Giulia um Christian trauerte, nein sie betrauerte, sich mit ihrer Mama einer Meinung wissend, die vergeudete Zeit.

Alle Utensilien, um Christian eine Szene machen zu können, befanden sich in ihrer Tasche. Das Foto vor dem Standesamt, das sie in kleine Schnipsel zerreißen würde. Der Ring mit den beiden springenden Delfinen, den er ihr in der Hochzeitsnacht in den Bauchnabel gelegt hatte und den sie ihm gleich an den Kopf werfen würde. Außerdem lag darin griffbereit ein Messer ihres Vaters, mit dem schon Generationen ihrer Familie Vieh geschlachtet hatten.

Ihre Koffer waren gepackt, und in ihrer Jackentasche wusste sie ihr Flugticket nach Italien. Natürlich wollte Giulia Christian nicht abstechen, obwohl sie diesen Gedanken durchaus angemessen und sympathisch fand. Auf das Entsetzen in seinen Augen, wenn er mit blutigen Händen das Messer aus seinem Herzen zog, würde sie verzichten. Er war es nicht wert.

Nein, es ging ihr darum, sich etwas wiederzuholen, das ihr schmerzliche Erinnerungen bescherte. Es war nichts, was sie wirklich brauchte, aber sie war Sizilianerin. Ihr Schwur war eindeutig: Alles zu zerstören, was sie ihm in Liebe geschenkt hatte.

Für Giulia war es kaum zu ertragen, dass eine andere Frau für ihren Mann kochen würde, auch wenn sie zugeben musste, dass ihre Maßnahmen wider sein Gewicht ein bisschen übertrieben gewesen waren. Dass er sie betrog, konnte sie ihm jedoch nicht verzeihen. Seine Geschmacklosigkeit, jenen Schlips auszuwählen, der bei seinem Heiratsantrag stolz seine Brust geziert hatte und mit dem er jetzt einem billigen Flittchen gefallen wollte, ließ das Blut in ihren Adern kochen.

Augen würde er machen, wenn er nach Hause kam. Alles von ihr wäre verschwunden, nichts würde an ihre glückliche und sinnesfreudige Zeit erinnern. Nur in Streifen geschnittene Hemden und zerfetzte Hosen würden ihn begrüßen und ihm ein Gefühl vermitteln, was er ihr angetan hatte.

Den Wagen ihres Mannes fand Giulia im Hof des Restaurants. Niemand konnte sie sehen. Sie war allein. Es erstaunte sie, wie leicht sich Reifen zerstechen ließen. Auch der Lack vermochte der Spitze ihres Schlachtmessers keinen Widerstand entgegenzusetzen. Einen Augenblick lang bedauerte sie, den Zweitschlüssel des Wagens nicht mitgenommen zu haben. Gern hätte sie auch die Sitze, die sie bitter an prickelnde Stunden auf einsamen Waldwegen erinnerten, aufgeschlitzt. Wütend trat sie gegen die Fahrertür und beruhigte sich erst, nachdem sie ein paar deftige Flüche in den Abendhimmel gezischt hatte.

Das Restaurant war gut gefüllt. Sie hörte Stimmen und ein albernes Lachen. Ihr sollte es recht sein. Je mehr Leute mitbekamen, was ihr untreuer Ehemann so trieb, umso besser. Schwungvoll stieß sie die Tür auf, ohne dem Schild *Geschlossene Veranstaltung* Beachtung zu schenken.

Christian stand am Ende einer Tafel. Sein Jackett hing über einem Stuhl. Die Ärmel seines Hemdes hatte er hochgekrempelt, und vor seinem Bauch trug er eine einfache Küchenschürze. Konzentriert tranchierte er ein knusprig glänzendes Spanferkel.

Es war nicht das, was Giulia erwartete hatte. Männer unterschiedlichen Alters standen in den gleichen albernen Kochschürzen um den Tisch herum und beobachteten jede Handbewegung mit Neugier und Skepsis. Christian war so in sein Bemühen vertieft, dass er nicht bemerkte, wie sich die Köpfe der anderen Männer der Tür zuwandten. Erst als die Stille ihn aufhorchen ließ, folgte er ihren Blicken.

In der Eingangstür stand Giulia. Sie sah atemberaubend aus. Christian wischte sich die Hände an seiner Schürze ab und ging auf sie zu.

»Ist etwas passiert?«

Giulia antwortete nicht gleich, versuchte stattdessen zu lesen, was auf dem Schild neben der Tür stand.

Volkshochschule … Kochkurs … Abschlussveranstaltung.

»Passiert? Meinst du im Sinne von etwas Schrecklichem?«, erkundigte sich Giulia, um Zeit zu gewinnen. »In diesem Sinne … eher nicht«, ergänzte sie kleinlaut.

»Ein Glück! Ich hatte schon befürchtet …«

Mitten im Satz hörte er auf. Erst jetzt schien Christian das blitzende Messer in ihrer Hand zu bemerken.

»Ich dachte … wenn schon, dann sollte man das richtige Werkzeug verwenden«, behauptete sie und betete im Stillen zu ihrer Mama.

Christian konnte seine Enttäuschung kaum verbergen. Wie auch immer er sich bemüht hatte, den Kurs geheim zu halten, es war ihr nicht entgangen.

»Es sollte eine Überraschung für unseren Hochzeitstag werden. Einmal wollte ich *für dich* kochen.«

Mit einem Lächeln bemühte sie sich, ihre Ungläubigkeit und Verzweiflung zu verbergen. Für *sie* hatte er kochen gelernt?

»Amore mio! Ich konnte nicht wissen …«

Giulia beendete ihren Satz nicht. Sie ließ das Messer fallen. Ohne die anderen Kursteilnehmer zu beachten, küsste sie Christian wild und hemmungslos. Leise flüsterte sie in sein Ohr: »Ich möchte heute Nacht unbedingt hier schlafen. In diesem Hotel. Es gibt einiges, was ich wieder gutzumachen habe.«

DAS HOBBY

Andreas Leonhard war es in all den Jahren seiner Ehe nicht gelungen, seine Frau von der beglückenden Vielfalt eines Hobbys zu überzeugen. Ihre Interessenlosigkeit grenzte an Ignoranz.

Es gab keine Berührungspunkte, mit denen sich ihre Freizeit gemeinsam gestalten ließ. Intimitäten wurden komplett gemieden, zu unterschiedlich waren ihre Vorstellungen. Ein einziges Nebeneinanderherleben.

An seinem vierzigsten Geburtstag beschloss er deshalb, sich eine Stunde professionellen Verständnisses zu leisten.

Die handschriftlichen Aufzeichnungen jener Nacht dienen seither in der Standardausbildung als Basislehrmaterial, um noch intensiver auf Wünsche und Vorstellungen der Kundschaft eingehen zu können.

ERINNERUNGSPROTOKOLL
Villa Sachsendreier
Irgendwo an der Autobahn

Wie alle Männer genoss Andreas Leonhard den freundlichen Empfang in der Villa Sachsendreier. Das romantische Ambiente wurde von sanfter Musik und süßlichem Duft unterstrichen. Lorella, eine erfahrene und bewährte Mitarbeiterin, die der festen Überzeugung war, nichts Menschliches sei ihr fremd, hatte an jenem Tag Dienst.

KUNDE:	Guten Tag. Ich möchte gerne etwas ganz Exklusives buchen.
LORELLA:	Sie Schlimmer! An was hatten Sie da so gedacht?
KUNDE:	Rollenspiele wären angenehm. Aber bitte nicht das Übliche.
LORELLA:	Also keine Doktorspiele, Polizeigewahrsam, Gefangener einer aztekischen Prinzessin, Lehrer – Schüler Verhältnisse oder Großmufti in einem Harem.
KUNDE:	Genau, das nicht! Verstehen Sie, ich bin Briefmarkensammler.
LORELLA:	Das ist ja mal was Nettes. Ich könnte Ihnen eine Postfrau anbieten. Uniform und alles Übliche ist im Preis enthalten. Zusätzlich könnten Sie Posthornblasen buchen.
KUNDE:	Das würde mir gefallen. Kann Sie auch stempeln?

LORELLA:	Wie stempeln?
KUNDE:	Es wäre wichtig für mich. Ich möchte gerne gestempelt werden.
LORELLA:	Fühlen Sie sich als Briefmarke, so eine Art Sonderausgabe?
KUNDE:	Nein, natürlich nicht! Ich verstehe mich eher als ein wichtiges Einschreiben ohne Rückantwort, natürlich mit Marke.
LORELLA:	Verstehe. Also mit Lecken.
KUNDE:	Wo leben Sie denn? Niemand macht das heute noch mit der Zunge. Die meisten sind doch selbstklebend.
LORELLA:	Selbstklebend? Entschuldigen Sie mal, wir sind ein sauberes Haus.
KUNDE:	Haben Sie einen Postraum?
LORELLA:	Lässt sich alles einrichten. Wir machen alles für unsere Kunden. Noch irgendwelche Sonderwünsche? Soll die Dame Sie mit der Pinzette verwöhnen?
KUNDE:	Sehr verführerisch. Haben Sie auch eine Lupe im Haus? Manchmal knickt ja so eine Zacke auch um.

Daraufhin schaute Lorella Andreas Leonhard erstaunt an. Aus langjähriger Berufserfahrung wusste sie, dass Männer prinzipiell Probleme mit der Selbsteinschätzung haben. Aber ein derart drastischer Fall war ihr bisher noch nicht begegnet.

LORELLA:	Glauben Sie mir, wir haben auch schon extrem hoffnungslose Zacken wieder aufgerichtet.
KUNDE:	Fantastisch! Besteht die Möglichkeit anzustehen, oder eine Absperrung zu errichten? Vielleicht mit dem Schild: Individualbereich – Bitte beachten!

LORELLA:	Sie müssen nicht anstehen. Wenn Sie wollen, können wir Sie aber gern warten lassen. Geht ja von Ihrer Zeit ab.
KUNDE:	Und einen Briefkasten? Haben Sie einen Briefkasten zur Verfügung?
LORELLA:	Die großen gelben Dinger? Sie wollen auf einen Briefkasten …?
KUNDE:	Ich stehe so auf fremde Länder.
LORELLA:	Fremde Länder? Wir haben Mädels aus Jamaika, Polen oder Costa Rica.
KUNDE:	Damit habe ich mich schon als Kind beschäftigt. Reizt mich gar nicht mehr. Früher habe ich sie ins Wasser gelegt, abgelöst, zwischen Zeitungen gelegt und mich draufgesetzt.
LORELLA:	Tatsächlich?
KUNDE:	Hat eine Weile gedauert, bis sie getrocknet waren.
LORELLA:	Ich weiß nicht. Das ist schon ziemlich speziell. Ich bin nicht sicher, ob eine meiner Kolleginnen das anbietet.
KUNDE:	Als ich damit angefangen habe, sind mir noch Fehler unterlaufen. Manche habe ich aus Unerfahrenheit in der Mitte durchgeschnitten.
LORELLA:	Sie haben *was*?
KUNDE:	Außerdem, Köpfe mag ich gar nicht. Die sortiere ich immer gleich aus.
LORELLA:	Sie sortieren die Köpfe aus?
KUNDE:	Nicht alle. Die Schönsten hebe ich natürlich auf. Wissen Sie, Ihr Gesicht erinnert mich irgendwie an die Blaue Mauritius. Ich wünschte, ich würde sie besitzen.

Daraufhin drückte Lorella einen Alarmknopf und Igor, seines Zeichens kein Briefmarkensammler, kam aus einem

Nebenraum. Leonhards Bitte, Lorella möge doch einmal ihren Kopf auf ein Blatt Papier legen, damit er mit einem Bleistift ihr Profil zeichnen könne, lehnte sie kategorisch ab. Die Töne, die Igor daraufhin verursachte, erinnerten stark an Stempelgeräusche. Der anschließende Flug vor die Tür war allerdings weder als Luftpost noch als Postwurfsendung deklariert.

Nach dieser Erfahrung beschloss Andreas Leonhard, sich in seiner Freizeit mit einem ungefährlicheren Gebiet auseinanderzusetzen. Von da an sammelte er Einkaufstüten, ein Hobby, mit dem er erstmals eine gemeinsame Schnittmenge mit seiner Frau fand.

ALLES EINE FRAGE DER WAHRSCHEINLICHKEIT

Kalle kannte Yves. Yves war der Freund von Amanda. Und Amanda war die Tochter von Professor Dimitri. Professor Dimitri fungierte als Leiter eines Institutes, das Tierversuche im Auftrag der Kosmetikindustrie durchführte. Yves wusste das von Amanda, die sich für die Tätigkeit ihres Vaters schämte, aber dennoch von seiner Forschung profitierte. Von allen kosmetischen Produkten bekam sie nämlich kostenlose Proben. Wen interessieren da noch die Befindlichkeiten der Tiere.

Frau Dimitri hatte sich mit den Forschungsarbeiten ihres Mannes abgefunden und lebte einvernehmlich mit ihm zusammen.

Was Amanda jedoch nicht ahnte, war, dass es sich bei dem Professor nicht um ihren leiblichen Vater handelte. Für Professor Dimitri, einen ewig grübelnden Kopf, provozierten die unterschiedlichen Physiognomien zwischen seiner Tochter und ihm die Frage nach der erzeugerrelevanten Wahrscheinlichkeit. Der übliche genetische Test bestätigte, was er seit langem ahnte, nämlich, dass er mit einer zu vernachlässigenden Unsicherheit, also mit an Sicherheit grenzender Wahrscheinlichkeit, nicht Amandas Vater war.

Weder Amanda noch Frau Dimitri vermuteten zu irgendeiner Zeit, dass Professor Dimitri wusste, was er wusste. Noch viel weniger kamen sie auf die Idee, dass der Professor auf Rache sann und Frau Dimitri beizeiten das Zeitliche segnen lassen wollte.

Yves fand, dass Amanda ihrem Vater aussehenstechnisch in nichts glich, kam dabei aber nicht auf die Idee, dass der Professor nicht ihr Erzeuger war.

Professor Dimitri machte sich ständig erhebliche Sorgen, ob Yves nicht doch eines Tages, rein zufällig natürlich, diese Konstellation durchschaute und somit seine Rachegelüste ernsthaft gefährdete. Es war zwar eher unwahrscheinlich, aber eben doch nicht ganz auszuschließen, so naiv Yves auch sein mochte. Selbst wenn Amanda, wissenschaftlich belegt, nicht seine leibliche Tochter war, liebte er sie dennoch wie sein eigenes Kind. Frau Dimitri dagegen liebte er nicht mehr, schon lange nicht mehr, also nicht erst seit den Testergebnissen.

Das mit den Tierversuchen erfuhr Kalle von Yves. Jedenfalls tranken die Freunde die halbe Nacht Öko-Bier zur Reduzierung des CO_2 Ausstoßes und sprachen von der *Green Revolution*. Kalle propagierte die Idee, alle Tiere zu befreien. Keine wirklich neue und schon gar nicht eindrucksvolle Idee. Aber sein Vorschlag war – ethisch, moralisch und idealistisch gesehen – nach Meinung aller Beteiligten eine Notwendigkeit.

Yves fand die Idee genial. Amanda vertrat eher eine neutrale Meinung. Aber sie liebte Yves. Deswegen fand sie seinen Einfall doch ganz gut. Dass Yves Amanda wirklich liebte, glaubte Kalle nicht. Dass Amanda Yves liebte, glaubte er sowieso nicht. Eigentlich liebte er Amanda. Aber das wussten weder Amanda noch Yves. Still litt Kalle inbrünstig unter seiner unerfüllten Liebe und entwickelte Szenarien, wie er durch seinen Tod Amanda diese Zuneigung gestehen konnte. Yves würde sich die Schuld an Kalles Tod geben und Amanda verlieren. Amanda würde ihre Liebe zu Kalle erkennen, sich wegen ihrer Oberflächlichkeit Kopf und Herz zermartern und sich aus purer Verzweiflung auch in den Tod stürzen. So jedenfalls dachte Kalle. Vielleicht, so hoffte er, würde Yves sich dann ebenfalls wegen Hoffnungslosigkeit freiwillig vom irdischen Leben verabschieden.

Kalle wurde sowohl von Yves wie auch von Amanda bewundert. Das half ihm beziehungstechnisch nicht wirklich weiter. Nichtsdestotrotz verstand sich Kalle als Anführer. Weil Che Guevara sein Vorbild war, gab er der Gruppe den Namen: *El sueño verde* – Der grüne Traum.

Professor Dimitri konnte Kalle überhaupt nicht leiden. Yves mochte er zwar ebenfalls nicht, aber der war nun mal Amandas Freund.

Frau Dimitri liebte ihre Tochter selbstverständlich über alles. Frau Dimitri war sich sicher, dass Amanda eines Tages die Wahrheit ihrer Herkunft herausfinden würde. Das hielt sie für sehr, sehr wahrscheinlich. Irgendwann würde auch ihrer geliebten Tochter auffallen, dass sie rein gar nichts von ihrem vermeintlichen Vater besaß.

Die meisten Versuchstiere in Professor Dimitris Labor waren Albinoratten und nackte Mäuse. Amanda machte den nicht ernst gemeinten Vorschlag, den Viechern Körperwärmer zu stricken. Yves fand das lustig. Kalle fand das ebenfalls lustig, aber weil Yves das zuerst lustig gefunden hatte, tat Kalle so, als verstoße der Vorschlag gegen die Grundsätze von *El sueño verde*. Weder Yves und schon gar nicht Kalle hatte eine andere Idee, wie das Problem der nackten und frierenden Mäuse zu lösen wäre.

Die Komplikationen waren überhaupt erst entstanden, nachdem Professor Dimitri beim Abendessen Tochter und Frau ziemlich unsensibel erklärt hatte, dass schon normale Umweltbedingungen die Viecher töten würden. Darüber, dass Professor Dimitris Testreihen auch mit an Sicherheit grenzender Wahrscheinlichkeit zum Exitus der Versuchtiere führten, waren sich nach einiger Überlegung alle bewusst.

Schließlich entschied Kalle quasi als *Obercompañero*, dass selbst nackte Mäuse nicht frei von Evolution sind. Amanda fand das ungerecht, wollte aber nicht Gott spielen. Yves war es egal.

Professor Dimitri informierte Frau Dimitri, dass er am kommenden Wochenende im Institut arbeiten müsse, wegen der Forschung, vielleicht sogar nachts. Professor Dimitris erster Schritt eines ausgeklügelten, hinterhältigen Plans, um die Betrügerin zu eliminieren.

Frau Dimitri fand, dass das eine gute Gelegenheit sei, das Problem der Scheinvaterschaft endgültig zu lösen. Sie würde ihm, wie schon so oft in all den Jahren, das Abendessen bringen und das Geschirr später wieder abholen.

Amanda ahnte nichts von den Plänen ihrer Eltern und gab vor, mit Yves und Kalle am Wochenende etwas vorzuhaben, ohne natürlich Genaueres zu sagen. Am Wochenende fand Kalle seinen Plan gar nicht mehr grandios und die Idee von *El sueño verde* eher albern. Kalle, Amanda und Yves dachten ungefähr das Gleiche, aber niemand besaß den Mumm, den anderen seine Gedanken mitzuteilen.

Jedenfalls flog um 22:34 Uhr das Institut in die Luft. Neben diversen Versuchstieren wurden auch die Leichen von Professor Dimitri, seiner Frau sowie ihrer Tochter Amanda und die ihrer beiden besten Freunde Kalle und Yves gefunden.

Später stellte sich heraus, dass der Professor mit dem Abendessen seiner Frau vergiftet worden war, aber noch über ausreichend Zeit verfügt hatte, um sich zu revanchieren. Seinen ursprünglichen Plan, den natürlich niemand außer ihm selbst kannte, verwarf er kurzfristig aus naheliegenden Gründen. Schnell war Professor Dimitri klar gewesen, dass Frau Dimitri das Geschirr später holen musste, um nicht in den Verdacht zu geraten, ihn ermordet zu haben. Ziemlich nachtragend entfernte er alle Gasschläuche des Labors und legte sich mit einem Lächeln auf den Lippen zum Sterben, wissend, Frau Dimitri würde innerhalb kurzer Zeit folgen.

Davon, dass Amanda mit Yves und Kalle in der gleichen Nacht Albinoratten und nackte Mäuse befreien wollte, ahnten natürlich weder der Professor noch Frau Dimitri etwas.

Amanda, Kalle, Yves und Frau Dimitri erschraken jedenfalls erheblich, als sie sich plötzlich völlig unerwartet im Dunkeln im Labor begegneten. Die Antwort auf die Frage, die Frau Dimitri, Amanda und mit hoher Wahrscheinlichkeit auch Kalle und Yves auf der Zunge lag, nämlich die, was das für ein eigenartiger Geruch in der Luft sei, hätte nur Professor Dimitri geben können. Aber der war zu diesem Zeitpunkt schon tot.

Wer von den Beteiligten schließlich das Licht einschaltete, wird höchst wahrscheinlich nie auch nur annähernd geklärt werden.

SCHIRMCHENGETRÄNKE

In den nächsten zehn Tagen würde er nichts anderes tun, als die Beine hochlegen, seinen weißen, aus der Form geratenen Bauch der tunesischen Sonne darbieten und Schirmchengetränke in sich hineinkippen.

Privatdetektiv Max Schlattmann war fest davon überzeugt, dass es niemanden in diesem Hotel gab, der es mehr verdient hatte, verwöhnt zu werden. Schließlich war er es, dem es gelungen war, den Lieblingshund der Baroness Silvia von Polkwitz den Klauen eines skrupellosen Entführers zu entreißen.

Strolch, ein schiefbeiniger, schielender und sabbernder Mops, war der Liebling der Baroness. Darüber, ob Adipositas die krummen Beine zu verantworten hatte oder schlichtweg der zweifelhafte Schönheitswahn fanatischer Züchter, ließ sich nur mutmaßen. Max Schlattmanns Ansicht nach hätte der Mops bei einem Wettbewerb des hässlichsten Hundes gute Aussichten gehabt, die Endrunde zu erreichen. Vierbeiner aus derart edlem Hause nahmen jedoch selbstverständlich niemals an solcherart Veranstaltung teil.

Die Forderung hatte sich auf fünftausend Euro belaufen. Keine ernst zu nehmende Summe für die gehobene Gesellschaft. Nach Frauchens Meinung wog der Verlust des Mopses erheblich schwerer. Der Erpresserbrief war eindeutig. Sollte der Betrag nicht binnen einer Woche gezahlt werden, würde Strolch seinen Ahnen in den Hundehimmel folgen. Die Forderung wurde mit einem Foto unterstrichen. Der Mops saß goldbraun gebraten und mit krosser Kruste, einen Apfel im Maul, auf einem edlen Designerteller. Mit Rosmarin verziert und perfekt zum Glänzen gebracht, war er in einem üppigen Bett aus Kartoffelpüree mit Fliederblüten-Sauerkraut angerichtet und schien dem Betrachter ironisch zuzuzwinkern. Die Fotomontage war professionell gemacht. Geschmacklos, aber wirkungsvoll.

Der darauffolgende Nervenzusammenbruch der fast achtzigjährigen Baroness Silvia von Polkwitz war für die Polizei eine nachvollziehbare Reaktion. Für Hundeentführungen durfte das Polizeirevier jedoch keinen Beamten abstellen. Polizeibeamte traten nur dann in Aktion, wenn es sich um Zweibeiner handelte, Menschen selbstverständlich.

Schließlich hatte sich die Baroness verzweifelt an den Privatdetektiv Max Schlattmann gewandt.

Der Hilfskoch, der ab und an für exklusive Feste gebucht wurde und mit der Bezahlung durch die Baroness unzufrieden war, hatte nicht schlecht gestaunt, als der Privatdetektiv mit ausgestrecktem Finger in der Jackentasche vor seiner Tür stand. Mit dem Spruch: »Junge, jede Wurst ist mal zu Ende!«, hatte sich Max Schlattmann den Mops unter den Arm geklemmt und ihn zurück in sein adliges Paradies gebracht.

Es hatte ihm nicht wirklich Mühe bereitet, den Entführer ausfindig zu machen. Strolch, ewig kränkelnd und allergiegeplagt, bekam nämlich ein Spezialfutter, das nur von zwei Händlern der Stadt angeboten wurde. Wer dem etwas minderbemittelten Hilfskoch geflüstert hatte, dass nur ein lebender Mops ist ein guter Mops sei, blieb allerdings im Dunkeln. Dass der Kerl nicht von allein auf die Idee gekommen war, geschweige denn, die unappetitliche Fotomontage erstellt haben konnte, lag auf der Hand. Max Schlattmann wurde aber nicht dafür bezahlt, Schatten auszuleuchten. Er hatte nur den Hund zurückzubringen.

Ein Aufatmen war durch die Reihen der adligen Nichtstuer gegangen. Strolch kehrte in das Herrenhaus der von Polkwitz zurück, erhielt professionelle therapeutische Hilfe und zur seelischen Stabilisierung ein paar Pudeldamen, die beim Escortservice *Dog Ladys* gemietet wurden.

Zufrieden lag Max Schlattmann im Einklang mit sich und der tunesischen Sonne am hoteleigenen Pool. Genüsslich betrachtete er ein paar glänzende Schönheiten und strapazierte seinen Verstand lediglich mit der Frage, wie er sich dem einen oder anderen Stringtanga möglichst ohne Aufwand nähern konnte.

Wie viele Drinks er heute schon zu sich genommen hatte, konnte Schlattmann nicht genau sagen. Vorerst zwang ihn die Müdigkeit, eine Pause einzulegen. Schwitzend und Geräusche absondernd, die zwischen tieftonigem Röcheln und lustvollem Schmatzen lagen, begann er seinen Lieblingstraum zu träumen.

»Ich habe gehört, Sie sind der Beste!«, hauchte eine Stimme lasziv durch sein verqualmtes Büro. Es war mit Abstand das schönste Hauchen, das jemals über Max Schlattmanns Schreibtisch geflüstert worden war. Der Mund, aus dem diese Worte gekommen waren, gehörte zu einer Schönheit, wie sie dieses Zimmer noch nie gesehen hatte. Blond, engelsgleiches Gesicht und aufregende sechzig Kilo, die optimal auf die Bereiche 90–60–90 verteilt waren. Sie stützte sich mit den Händen leicht auf seinen Schreibtisch und beugte sich nach vorn. An dieser Stelle hatte sich Schlattmann angewöhnt, in Zeitlupe zu träumen.

»Ich möchte Sie engagieren! Glauben Sie mir, es wird nicht zu Ihrem Nachteil sein.«

Wie immer verzichtete er auf jeglichen Anstand und betrachtete unverhohlen die Rundungen ihrer Brüste, die in einem schwarzen, mit blauer Spitze verzierten BH ruhten. LASCANA, Frühjahrskollektion, Seite 17, unten links.

Ohne den Blick abzuwenden, antwortete er: »Wenn Sie mich beauftragen wollen, einen Optiker zu suchen, der billiger als Fielmann ist, vergessen Sie es!«

Schlattmann konnte die knisternde Spannung körperlich fühlen.

»Fielmann? Ich verstehe nicht …«, fragte die Blondine, und der Zauber ihrer Stimme löste sich auf.

Aus seinen Träumen gerissen, öffnete Max Schlattmann die Augen und betrachtete die Person, die, am Ende seiner Pool-Liege stehend, einen erheblichen Schatten warf. Eine rundliche, seinen Traumvorstellungen in keiner Weise entsprechende junge Frau, stand mit verschränkten Armen da und betrachtete ihn. Um ihren Mund herum lag ein angewiderter Zug.

Das ist das Schlimme an der Realität, dass sie sich so gar nicht an den Träumen zu orientieren vermag, erkannte Max in diesem Moment, wälzte sich von der Liege und versuchte, leicht schwankend, in die Badelatschen zu schlüpfen.

»Sie sind doch Max Schlattmann? Der Privatdetektiv?«

Er nickte. Zwar war er im Urlaub, aber es schmeichelte ihm, dass er erkannt wurde. Sicherlich dank der Boulevardpresse, die Porträtaufnahmen von seinem und dem Gesicht des sabbernden Mopses auf den Titelseiten präsentiert hatten.

»Ich sagte, ich möchte Sie engagieren. Können Sie einen Mann des Ehebruchs überführen?«

Dabei reichte sie ihm ihre Visitenkarte. Er warf nur einen kurzen Blick darauf und las ihren Namen. Nora Stäblein. Schlattmann hob die rechte Augenbraue. Das hatte er aus einer amerikanischen Detektivserie übernommen. Mit sonorer Stimme antwortete er: »Ehebruch? Das ist mein Spezialgebiet. Untreue ist wie ein Büfett, das zu lange in der Sonne stand!«

Privatdetektiv Max Schlattmann liebte diesen Vergleich. Die meisten seiner Klienten versuchten, hinter den Sinn der Worte zu dringen, gaben es jedoch schließlich auf.

»Rufen Sie mich an, wenn ich wieder zu Hause bin!«, sagte er und machte Anstalten, sich in Richtung Bar abzusetzen.

»Sie haben fünf Tage Zeit. Dann ist die Gelegenheit verstrichen. Zweitausend Euro dürften wohl genügen.«

Erstaunt blieb er stehen. Eine üppige Summe. Er konnte es kaum fassen, aber offensichtlich hatte er zur Zeit eine Glückssträhne.

»Tausend jetzt und den Rest, wenn das Material überzeugt.«

Ohne eine Antwort zu erwarten, hielt Nora Stäblein ihm einen Umschlag hin.

Besorgt fragte sich Schlattmann, ob er doch noch träumte. Aber dem war nicht so.

»Wie wollen Sie ihn serviert haben? Reichen Fotos, oder ist Ihnen eine Videoaufnahme in Dolby Surround lieber?«

»Es reicht, wenn Sie mir die Originalfotos als Datei zukommen lassen. Den Rest erledige ich selbst. Fotos auswählen und bearbeiten gehört zu meinem Tagesgeschäft. Keine Indizien, sondern Beweise. Alles klar?«

Privatdetektiv Max Schlattmann nickte. Er verstand.

»Ich benötige ein paar Angaben, wann und wo ich Ihren Ehemann bei seinen Eskapaden ertappen kann«, erwiderte er.

»Wie kommen Sie darauf, dass ich verheiratet bin? Ich möchte, dass Sie meinen *Vater* des Ehebruchs überführen!«

Für einen Moment glaubte Schlattmann, sich verhört zu haben. Doch die kalten und berechnenden Augen, die sie hinter der Sonnenbrille zu verstecken versuchte, ließen keinen Zweifel aufkommen.

Es galt, Emanuel Stäblein ans Messer zu liefern. Der Mann war Besitzer eines erfolgreichen Restaurants und wurde regelmäßig beauftragt, hochkarätige Empfänge mit Hilfe seiner Kochkunst unvergesslich zu machen. Er gehörte zu den wenigen deutschen Köchen, die für ihre Fähigkeit, guten

Geschmack auf eine überschaubare Größe zu reduzieren, zwei Sterne verliehen bekommen hatten. Egal, ob er seinen Gästen Seeteufel mit safranisierter Teltower-Rübchen-Mousse, Stachelhäutige Seegurke mit Sauce von Räucherpaprika oder Taubenbrust mit Süßholzgewürzjus sowie Prinzessinnenböhnchen servierte, gerieten diese regelmäßig nahe an einen orgastischen Zustand. Von seinen Kollegen respektvoll als Soßenpapst betitelt, genoss Emanuel Stäblein seinen Ruf sichtlich.

Vor drei Jahren hatte er ein kleines Buch mit exotischen Soßen veröffentlicht, in dem der Geschmack des Okzidents mit dem des Orients verschmolz, und hatte es damit zu internationaler Anerkennung gebracht. Das Buch war in mehreren Sprachen als Standardwerk erschienen. Seitdem warteten seine Jünger sehnsüchtig auf den zweiten Band.

Der Spitzenkoch, der für seine exzentrische Art bei der Auswahl von Zutaten berühmt und wegen seiner Wutausbrüche gefürchtet war, ignorierte die kulinarischen Vergehen, die das tunesische Küchenpersonal seinen Gästen zumutete. Ihm war nur wichtig, dass ihn keiner erkannte. Wenn überhaupt, aß er ein wenig Obst. Seine pummlige Tochter dagegen häufte stets beträchtliche Mengen auf ihren Teller. Ihr Ziel, den Vater und berühmten Koch zu demütigen, erreichte Nora Stäblein problemlos mehrmals am Tag. Der Soßenpapst ignorierte jedoch ihr Verhalten und verkniff sich jeden Kommentar.

Max Schlattmann hatte an dem Hotelessen nichts auszusetzen. Er fand es köstlich. Für ihn, der ausschließlich Fertiggerichte aus der Dose warm zu machen verstand, war das hier eindeutig eine Verbesserung.

Der Tagesablauf seiner Zielperson war unspektakulär. Stäblein trank morgens einen Espresso, beobachtete dabei missmutig die Gäste und fuhr mittags mit dem Bus auf den Markt nach Tunis.

Dort wanderte er über den Basar, beschnupperte, befühlte und probierte unterschiedlichste Gewürze, kaufte selten und wenn, nur geringe Mengen. Regelmäßig kehrte er in einem kleinen Restaurant am Rande der Ez-Zitouna-Moschee ein und bestellte, was es an einheimischen Speisen zu essen gab. Dann begann eine Prozedur, die Ortsansässige mit Erstaunen und Schweigen beobachteten. Der Ungläubige sortierte die einzelnen Bestandteile, prüfte deren Konsistenz und notierte seine Erkenntnisse in einem Notizbuch. Anschließend konfrontierte er die Geschmacksnerven mit winzigen Pröbchen. Vorsichtig ließ er sie durch den Mund wandern und versuchte mit der Zungenspitze, die Ingredienzien zu trennen. Manchmal schlürfte er laut, schluckte mit philosophischer Ernsthaftigkeit die verflüssigten Bestandteile und seufzte jedes Mal enttäuscht. Nach dem Verzehr der Mahlzeit strich er die Notizen wütend durch, warf ein paar Scheine auf den Tisch und verschwand wortlos.

Schlattmann zählte sich nicht zu den cleversten Detektiven, aber um zu erkennen, dass hier etwas nicht stimmte, bedurfte es keines überdurchschnittlichen Intelligenzquotienten. Dass dieser Mann fremdging, konnte ausgeschlossen werden. Dennoch: Schlattmanns Erfahrungen hatten ihn gelehrt, dass faule Eier erst dann stanken, wenn man sie in die Pfanne schlug.

Auch am nächsten Tag deutete nichts darauf hin, dass der Meisterkoch etwas an seinem Tagesablauf ändern wollte. Wie immer lag er morgens am Pool und starrte missmutig in die Zeitung. Ab und an schaute er zu seiner Tochter, die dick eingecremt der UV-Strahlung trotzte.

Das Angenehme an Max Schlattmanns Job war die Tatsache, dass er weder stundenlang im Auto verharren noch sich kilometerweit die Füße platt laufen musste. Er konnte an der Bar sitzen, die verdächtige Person observieren und Schirmchengetränke zu sich nehmen. Sanfte Barmusik plätscherte dahin, und zuweilen lenkte eine Poolschönheit ihn kurzzeitig ab.

Gerade hatte er versucht, mit dem Barkeeper ein Gespräch über Whisky zu führen. Genauso gut hätte er sich über Zwölftonmusik unterhalten können. Der Mann hatte weder von Scotch, Irish oder American Whiskey, geschweige denn von Schweizer Destillaten Ahnung.

Nachdem sich Max Schlattmann enttäuscht abgewandt hatte, bemerkte er, dass die Liege, auf der Stäblein gelegen hatte, verlassen war. Nora Stäblein hingegen schien zu schlafen.

Nicht, dass er nervös wurde, aber ein wenig verwunderlich war das Ganze schon. Schlattmann kippte seinen Drink, nahm die Fototasche und begab sich auf die Suche. Systematisch klapperte er den Strand, die Terrassen, Cafés und Bars ab. Von Emanuel Stäblein keine Spur. Das Hotel habe er nicht verlassen, versicherte man ihm an der Rezeption glaubhaft. Dann blieb wohl nur Stäbleins Appartement übrig.

Auf dem Flur war es ruhig. Um diese Zeit lagen fast alle Gäste am Strand oder zeigten sich am Pool. Schlattmann lauschte an der Tür und hörte ein leichtes Stöhnen. Der Soßenpapst schien cleverer zu sein, als er vorgab. Bisher hatte er sich nicht erwischen lassen. Routiniert machte Schlattmann seine Kamera klar. Ein paar Fotos und schon bald würde er zweitausend Euro steuerfrei sein Eigen nennen können.

Das Schloss zu öffnen, bereitete keine Mühe. Vorsichtig schlich er in das Zimmer.

Statt Stäblein jedoch beim Liebesspiel zu erwischen, sah er, wie der Mann blutüberströmt auf dem Bett lag. In der Brust steckte ein *Jambia*, ein arabisches Messer, wie unschwer am Griff zu erkennen war. Schlattmann hatte auf dem Markt einige Exemplare bewundert, sich aber nicht zum Kauf entschließen können. Schockiert betrachte er die Szenerie. Auf dem Teppich lagen Geldscheine. Einige davon blutverschmiert. Was wie ein Stöhnen geklungen hatte, war das Röcheln eines Sterbenden. Schlattmann war entsetzt.

Emanuel Stäblein hob mühsam die Hand. Seine weit geöffneten Augen flehten. Verzweifelt wollte er ihm etwas mitteilen. Viel Zeit blieb dem Sterbenden aber nicht mehr. Max Schlattmann dachte nach. Obwohl jede Zelle seines Körpers ihn ermahnte, sofort zu verschwinden, zögerte er. Wenn es ihm gelänge, einen Mord aufzuklären, würde er nie wieder verschnupfte Hunde aus den Händen dümmlicher Entführer befreien müssen. *Jetzt nur nicht die Nerven verlieren*, redete er sich zu.

Schlattmann beugte sich über den Sterbenden. Ein paar unartikulierte Töne drangen aus dessen Mund. Stäblein war schon zu schwach für mehr. Einzig seine blutverschmierte Hand krallte sich noch in Schlattmanns Hemd. Die Augen starrten ungläubig. Dann folgte der letzte Atemzug.

Enttäuscht wandte der Detektiv den Blick ab und betrachtete das Zimmer. Es schien, als hätte es einen Kampf gegeben, und dennoch machte sich ein Gefühl in ihm breit, als sei alles nur arrangiert worden. Ein umgestürzter Stuhl. Geldscheine auf dem Boden. Die blutüberströmte Leiche auf dem Bett. Dann wusste Max Schlattmann plötzlich, was ihn störte. Etwas fehlte. Das Notizbuch!

Ein plötzliches Kreischen ließ ihm das Blut in den Adern gefrieren. Eine Hausangestellte, die für das Wechseln der Handtücher verantwortlich war, hatte die offene Tür bemerkt. Neben ihr stand Nora Stäblein. Beide schauten zu ihm. Dann floh die Reinigungskraft, laut schreiend. Mehr als das Klagen der Angestellten irritierte Max Schlattmann aber das Lächeln auf dem Gesicht seiner Auftraggeberin. Es war ein zufriedenes Grinsen, das ihn frösteln ließ.

Schlattmann begriff schlagartig, dass seine Situation beschissen war. Er kniete über einer Leiche. Sein Hemd war blutverschmiert. Es gab mit Sicherheit Gäste, die beobachtet hatten, wie er sich in der Nähe des Ermordeten aufgehalten hatte. Außerdem trug er Geldscheine in der Tasche, deren Herkunft er nicht nachweisen konnte.

Max Schlattmann befand sich auf der Flucht. So hatte er sich seinen Urlaub nicht vorgestellt. Adé Schirmchengetränke! Adé süße Tangas! Adé schönes Geld!

Dass es nicht um Ehebruch ging, hatte er längst verstanden. Er spielte anscheinend in einem mörderischen Spiel die entscheidende Rolle: die des Mörders. Selbst ein blinder tunesischer Bettler hätte erkennen können, dass Nora über den Tod ihres Vaters erfreut war. Ihr Lächeln hatte sie verraten. Nur, das half ihm nicht weiter.

Noch im Hotel war es Schlattmann gelungen, sich des blutigen Hemdes zu entledigen. Bei einem Straßenhändler kaufte er ein lächerliches T-Shirt mit einem dümmlich dreinblickenden Kamel. Es passte hervorragend zu seinem Gemütszustand. In der Anonymität geschmacklos gekleideter Touristen fühlte er sich vorerst sicher.

Die Zeit bis zum Abend verbrachte Max Schlattmann auf dem Basar und strapazierte seinen detektivischen Verstand.

Es war Zufall, dass er auf einem der Verkaufstische die arabische Ausgabe der *Soßenbibel* entdeckte. Das Bild des Aromenjongleurs strahlte ihn an. Die geschwungenen Buchstaben der arabischen Schrift passten zu dem, was Stäblein an Delikatem versprach. Nachdenklich betrachtete er das Buch und schüttelte ungläubig den Kopf. Sollte die Lösung so einfach sein?

Es war leicht, wieder in das Hotel zu kommen. Ein paar müde Beamte beobachteten gleichgültig den Haupteingang. Dass Ungläubige sich gegenseitig umbrachten, schien ihnen nichts auszumachen. Allah war groß und hatte sicherlich seine Gründe.

Nora Stäblein saß in ihrem Appartement und blätterte im Notizbuch ihres Vaters. Als Schlattmann durch die Tür trat, schien die so mühsam erworbene Bräune in ihrem Gesicht zu verblassen. Es dauerte aber nur wenige Sekunden, bis sie sich wieder unter Kontrolle hatte.

»Sie wagen es, zurückzukommen?«, fauchte sie.

»Eine wirklich gute Idee, mich mit einem völlig sinnlosen Auftrag zu betrauen. Gratuliere!«, antwortete Schlattmann und setzte sich Nora Stäblein gegenüber in einen Sessel. Er stellte seine Tasche vorsichtig auf den Tisch und verschränkte die Arme.

»Was wollen Sie?«, fragte sie genervt und klappte das Notizbuch zu.

»Ihr Vater gehörte zu den angesehensten Köchen Europas. Dass seine berühmten Rezepte gestohlen waren, wussten sicher nur die Wenigsten. Er hat sie von einem jungen, ahnungslosen Talent abgekupfert. Darf ich?«

Ohne ihre Antwort abzuwarten, nahm Schlattmann ihr das Notizbuch aus der Hand. Nach ein paar Seiten, auf denen jede Zeile durchgestrichen worden war, begann in einer anderen Handschrift, fein säuberlich notiert, eine Auflistung verschiedenster Gerichte.

»Ihr Vater wollte auch diese Rezepte umsonst haben, wie schon einmal. Dumm nur, dass der Koch aus dem kleinen Restaurant an der Ez-Zitouna-Moschee von dem Wert seiner Kochkunst erfahren hat.«

Um seinen Worten Nachdruck zu verleihen, ließ Schlattmann die arabische Übersetzung der Soßenbibel auf den Tisch fallen.

»Ihr Vater brauchte neue Ideen, um seinen Ruf als Spitzenkoch nicht zu verlieren. Sie sollten dem jungen Mann Schweigegeld anbieten und ihm neue Rezepte entlocken. Womit Ihr Vater aber nicht rechnen konnte, war, dass Sie längst beschlossen hatten, ihn zu beerben. Und Sie hatten auch jemanden gefunden, dem Sie alles in die Schuhe schieben konnten – einen Detektiv, der seine Reputation der Befreiung eines verwöhnten Mopses zu verdanken hat.«

Nora Stäblein nickte wohlwollend und schien sich zu amüsieren. Sie machte eine Geste und forderte ihn auf, fortzufahren.

»*Sie* haben das Foto mit dem knusprig gegarten und köstlich arrangierten Mops gestaltet. Für die Inhaberin einer Werbeagentur ist das eine Leichtigkeit. Es gibt nur *ein* Restaurant in Europa, das Sauerkraut mit frischen Fliederblüten serviert: das Ihres Vaters! Ihre Andeutung am Pool, dass Sie die Fotos gegebenenfalls bearbeiten würden, hat Sie verraten.«

Schlattmann machte eine Pause, um seine Gedanken neu zu sortieren und ergänzte seufzend: »Dumm für mich ist nur, dass jeder Richter überzeugt sein wird, ich hätte den Zwei-Sterne-Koch mit dem Wissen um die kriminellen Machenschaften seiner Tochter erpresst. Nach seiner Ankündigung, alles der Polizei zu erzählen, habe ich ihn umgebracht, um meine Spuren zu verwischen. So oder so ähnlich haben Sie sich das doch gedacht?«

Nora Stäblein klatschte in die Hände, als wäre ihr eine besonders amüsante Anekdote vorgetragen worden. Daraufhin trat jener Koch aus dem Nebenzimmer, dessen Talent zwar die Gourmetwelt begeisterte, von dessen Existenz aber in keiner der renommierten Küchen jemand wusste. Er setzte sich auf die Lehne ihres Sessels, legte den Arm um sie und gab ihr einen Kuss auf die Stirn.

»Sie sind tatsächlich der einfältige Kerl, für den ich Sie gehalten habe«, erklärte sie mitleidlos, ohne Schlattmann eines Blickes zu würdigen. »Berechenbar, um nicht sogar naiv zu sagen. Mein Vater war schon lange nicht mehr in der Lage, Gutes von Durchschnittlichem zu unterscheiden. Er lebte von seinem Ruf und den Kreationen meines Geliebten«, erklärte sie und ließ sich von Schlattmann das Notizbuch wiedergeben.

»Diese Rezepte waren seine letzte Hoffnung, und ich sollte sie besorgen. In einem Land wie Tunesien ist eine Frau mit meinen Proportionen – zumal, wenn sie blond ist – mehr als ein Statussymbol. Mit solchen Argumenten und einer in Aussicht stehenden Erbschaft gibt es so gut wie nichts, das ein Verliebter nicht tun würde.«

Der Koch lächelte. Daran, dass er mit einem Messer umzugehen verstand, gab es keinen Zweifel. Er hatte seine Ehre wieder hergestellt und sah wie ein glücklicher Sieger aus. Nora Stäblein griff in ihre Tasche und zog eine Pistole heraus.

Max Schlattmann hatte seine Chancen von Anfang an als gering eingeschätzt. Dennoch war die Konfrontation mit Stäbleins Tochter der einzig denkbare Weg gewesen, um seine Unschuld zu beweisen. Jetzt fragte er sich jedoch, ob seine Menschenkenntnis nicht doch erhebliche Lücken aufwies.

Wehmütig dachte er an die vielen Schirmchengetränke. Dann krachte der Schuss.

Der tunesische Koch kippte langsam von der Sessellehne. Noch bevor er den Boden berührte, bekamen seine Augen jenen starren Blick, aus dem das Leben verschwunden war. Max Schlattmann sprang auf und starrte auf den Lauf der Pistole. Nora Stäblein wischte die Spuren auf der Waffe sorgsam und ohne den Hauch einer Emotion ab. Sie betrachtete den Toten und bemerkte mit gespieltem Bedauern in der Stimme: »Gestorben bei dem Versuch, mir zu helfen. Ein wirklich tragisches Schicksal.«

Max Schlattmann spürte, dass ihm die Knie schlotterten. Auf dem Basar hatte er alle möglichen Szenarien durchdacht, aber dieses war nicht dabei gewesen.

»In Einem allerdings haben Sie recht: Weder mein Vater noch ich hatten jemals vor, auch nur einen Cent abzugeben.«

Schlagartig erkannte Schlattmann, wie perfide ihr Plan war. Sie würde nicht nur alles erben. Stäbleins Ruf als Soßenpapst blieb ebenfalls unangetastet. Ein Vermächtnis, das sich lukrativ vermarkten ließ. Von dem jungen Tunesier ging keine Gefahr mehr aus. Und Schlattmann passte ideal als Täter.

»Jeden Moment wird die Polizei hier sein«, erwähnte Nora fast nebenbei und kicherte albern. »Die Boulevardblätter werden Sie *lieben*. Ich sehe schon die Schlagzeile: *Mopsretter ermordet Lieblingskoch der Baroness von Polkwitz!*«

Als die Schritte auf dem Flur die Beamten ankündigten, schob Nora die Pistole über den Tisch, als gewährte sie ihm einen letzten Gefallen. Statt die Waffe zu nehmen, öffnete Schlattmann jedoch seine Fototasche und schaltete die kleine Videokamera aus, die das ganze Gespräch aufgezeichnet hatte.

»Erinnern Sie sich, dass ich Sie gefragt habe, wie Sie Ihren Vater serviert haben wollen? Diese Aufnahme hier ist zwar nicht in Dolby Surround. Dennoch denke ich, dass sie jedes Gericht überzeugen wird.«

Dann wurde die Tür aufgestoßen, und mehrere Polizisten stürmten in den Raum. Schlattmann übergab dem Leiter des Einsatzes die Kamera und ließ sich widerstandslos abführen.

Er genoss das Entsetzen in Noras Augen und prostete sich in Gedanken mit einem exotischen Schirmchengetränk zu.

DER TOILETTENWART

Karl Emanuel Rind war mit Toilettenpapier erdrosselt worden, jenem Utensil, dem er sein Leben verschrieben hatte. Es gab Fälle, in denen ein Toilettenwart beleidigt, um seine Leistung geprellt oder gar ausgeraubt worden war. Aber noch nie war einer von ihnen kaltblütig ermordet worden.

Die Betroffenheit unter den Kollegen der Dienstleistungsinnung *sanitary humane capital* hätte nicht größer sein können. Einer ihrer Besten war in der Ausübung seines Dienstes zu Tode gekommen. Es war mit Abstand der dunkelste Tag, seit man sich menschlicher Bedürfnisse angenommen hatte.

Das entstandene Protokoll der damals anwesenden Kunden versteht sich als Mahnung an alle jene, die sich diesem aufopferungsvollen und verantwortungsträchtigen Dienst am Menschen widmen.

ERINNERUNGSPROTOKOLL
(Aus Pietätsgründen wurde der Name
des Örtchens anonymisiert.)

Der Toilettenwart Karl Emanuel Rind saß an einem Tisch und wartete. Ein Schrank hinter ihm war einladend geöffnet. Auf einem Teller lagen ein paar Münzen. Wie immer las er eine Zeitung und lauschte der Musik der siebziger, achtziger und neunziger Jahre.

Herr Gressler, den offensichtlich ein beträchtliches menschliches Bedürfnis drückte, betrat ziemlich abgehetzt den Raum.

GRESSLER:	Guten Tag. Wo ist für Männer?
TOILETTENWART:	Bitte rechts halten. Brauchen Sie Papier?
GRESSLER:	Ja! Das wäre ganz gut.
TOILETTENWART:	Dachte ich mir. Wie viele Lagen?
GRESSLER:	Wie meinen Sie?
TOILETTENWART:	Ich kann Ihnen einlagiges, zweilagiges oder dreilagiges Papier mit integriertem Vlies anbieten.
GRESSLER:	Das Dreilagige … bitte.
TOILETTENWART:	Das Dreilagige! … Trocken oder feucht?
GRESSLER:	Trocken.
TOILETTENWART:	Trocken! Glatt, gerippt oder genoppt?
GRESSLER:	Das ist mir ziemlich egal!
TOILETTENWART:	Egal? Am hochwertigsten ist das asynchron genoppte, mit Aromaporen und einer garantierten Reißfestigkeit von 10 den.

GRESSLER:	Dann geben Sie mir das.
TOILETTENWART:	Tut mir leid. Ist zur Zeit vergriffen.
GRESSLER:	Dann geben Sie mir eine Rolle von dem glatten Toilettenpapier.
TOILETTENWART:	Eine Rolle von dem glatten? Sehr gern! Eine neue Rolle oder von dem recycelten?
GRESSLER:	Das ist mir egal. So etwas von egal. Sie glauben nicht, wie scheißegal mir das ist!
TOILETTENWART:	Wie heißt das kleine Zauberwort?
GRESSLER:	Das Neue! Bitte!
TOILETTENWART:	Das Neue! Aus ökologisch kontrolliertem Anbau oder möchten Sie lieber …?
GRESSLER:	Sie geben mir sofort diese Rolle da!
TOILETTENWART:	Ohhhh! Ein echter *Paul Montenery*. Eine gute Wahl. Die ersten drei Blätter sind signiert. 200 Euro.
GRESSLER:	Was? Sie sind doch total verrückt! Sie geben mir sofort eine Rolle Scheißhauspapier!
TOILETTENWART:	Nicht in diesem Ton!
GRESSLER:	Ich flehe Sie an. Bitte! Irgendeine.
TOILETTENWART:	*Irgendeine?* Für wen mach ich das denn hier? Ständig kommt jemand, der nicht weiß, was er will. Ich führe mit Abstand das umfassendste Sortiment im deutschsprachigen Raum. Sie kaufen ja auch nicht *irgendein* Auto.
GRESSLER:	Ein dreilagiges, noppenfreies und kurzfasriges Toilettenpapier. Reißfest wäre schön, aber nicht zwingend. Farbe? Lindgrün gehämmert.
TOILETTENWART:	Na, geht doch!

Alle Zeugen bestätigten, dass in diesem Moment ein weiterer Kunde namens Dr. Maibaum die Örtlichkeit betrat.

DR. MAIBAUM: Hallöchen! Wie immer?

TOILETTENWART: Guten Tag, Herr Dr. Maibaum. Wie immer! Kabine fünf bitte.

DR. MAIBAUM: Dankeschön. Sehr aufmerksam.

TOILETTENWART: Hatte ich ganz vergessen. Herr Dr. Maibaum hat vorbestellt. Wir sind ausgebucht.

GRESSLER: Wie? Ausgebucht?

TOILETTENWART: Das ist mir aber jetzt unangenehm! Vielleicht schauen Sie später noch einmal unverbindlich vorbei.

GRESSLER: Unverbindlich? ... Später? ... Aber ich glaube ... Ich denke ... Ich weiß nicht ... Ich ...

An dieser Stelle endet das Protokoll. Was wirklich passierte, lässt sich nicht mehr eindeutig klären. Es muss zu einem Handgemenge gekommen sein. Tatsache ist jedoch, dass Karl Emanuel Rind mit einem Toilettenpapier der Sorte *Ultra Long,* dessen Reißfestigkeit einer Damenstrumpfhose gleichkommt, erdrosselt wurde.

Gressler selbst befand sich in einem ziemlich erbärmlichen geistigen, aber auch geruchsintensivem Zustand. Auch einem herbeigezogenen Psychologen gelang es nicht, ihn davon zu überzeugen, zwei Blatt Toilettenpapier loszulassen.

SCHNEELAND

Kriminalhauptkommissar Reiner Hiller musste erkennen, dass die Realität ihn gnadenlos fallen gelassen hatte. Mit schmerzverzerrtem Gesicht lag er auf dem Teppich, spürte, wie sich sein Herz in einem hoffnungslosen Sprint verausgabte und stierte unter das Bett. Zwischen Kabeln und ein paar Wollmäusen lag ein undefinierbares Etwas. Obwohl ihn die Sinne zu verlassen drohten, identifizierte er das amorphe Gebilde als jene Socke, über deren Verlust er vor Wochen mit seiner Frau gestritten hatte.

Eigentlich hatte er erwartet, dass sein Leben nun an ihm vorbeiziehen würde. Immerhin war er ein renommierter Kommissar und konnte auf eine erfolgreiche Karriere zurückschauen. Außerdem stand er kurz davor, den Rekord aufgeklärter Mordfälle zu brechen, den ein Kollege vor fast fünfundzwanzig Jahren aufgestellt hatte und dessen Einstellung bisher für unerreichbar gehalten worden war. Hiller fehlte genau noch ein einziger gelöster Fall, um neuer Rekordhalter zu werden. In wenigen Tagen würde sein dreißigjähriges Dienstjubiläum sein, und so blieb ihm nicht mehr viel Zeit.

Das Bild der vom Staub grau gewordenen Socke schien jedoch jetzt das Letzte zu sein, das er in diesem Leben zu sehen bekommen würde, dachte Reiner Hiller. Dann verlor er das Bewusstsein.

Das Krankenhaus überwies ihn nach fünf Tagen medizinischer Beobachtung zurück an seinen Hausarzt. Der Herzanfall wurde als sehr ernst eingestuft und wäre, hätte man Hiller nicht so schnell in die Notaufnahme eingeliefert, lebensbedrohlich gewesen. Eine deutliche Mahnung seines wichtigsten Organes, das nicht mehr bereit war, sich dem täglichen Stress in einem Dezernat für Mord und Totschlag auszusetzen.

Die Ärzte, seine Frau und selbst die Kollegen verpflichteten ihn, künftig die Signale seines Körpers zu beachten. Seitdem fragte ständig jemand besorgt: »Geht es dir gut?«

Wenn er darauf antwortete: »Passt schon«, schauten sie ihn an, als sei er ein chronischer Lügner. Dass er kurz vor dem Ziel stand, den fast ein Vierteljahrhundert alten Rekord aufgelöster Morde zu brechen, schien niemanden auch nur im Geringsten zu interessieren. Zumindest von seinen Kollegen hatte er ein wenig Verständnis erwartet.

Tatsache war, dass sich Reiner Hiller auf seinen Körper oder besser gesagt, auf sein Herz, nicht mehr verlassen konnte. Selbstverständlich musste er an seiner Lebensführung etwas ändern, hätte damit aber gern noch ein paar Tage gewartet. Schließlich erklärte er sich dazu bereit, wenn auch widerwillig. Genau genommen hörte er auf seine Frau, die keine Diskussion zuließ.

Der Doktor hatte in ihrer Anwesenheit erbarmungslos prognostiziert, dass bei unveränderter Lebensweise die Restlaufzeit des Herzens sechs, im günstigsten Fall zwölf Monate betrage. Um das vorzeitige Ableben zu verhindern, gäbe es nur eine Möglichkeit: Ruhe, Ruhe und nochmals Ruhe. Seine Kollegen müssten ein paar der bösen Buben allein jagen.

Daraufhin hatte Franziska mit sofortiger Wirkung für ihn Urlaub beantragt und jeglichen Widerstand unter der Androhung, sich von ihm zu trennen, im Keim erstickt.

»Ruh dich aus! Vermeide alles, was dich aufregt! Vergiss einfach, dass du ein Bulle bist!«, hatte sein Chef ihm mit auf den Weg gegeben, wohlwollend gelächelt und ernsthaft überlegt, wann sein Herz eigentlich den letzten TÜV bekommen hatte.

Hiller hatte es mit Bitten versucht. Auch die Tatsache, dass sein Schreibtisch unter den Stapeln ungeklärter Anzeigen ächzte, die Mordkommission unterbesetzt war, und er sich kurz vor der Lösung einer Mordserie glaubte, erbrachte nicht das erwünschte Ergebnis. Selbst die Andeutung, den Pokal mit der neuen Rekordzahl aufgeklärter Fälle in ihrem Dezernat platzieren zu können, löste bei seinem Dienststellenleiter nur Kopfschütteln aus.

»Wir fahren für vier Wochen aufs Land«, informierte ihn Franziska am Abend, als Reiner Hiller ungläubig den Tisch nach Wurst und Käse absuchte. Er entdeckte jedoch nur Gesundes, von dem er sicher war, dass es ihm auch noch den Rest an Lebenslust vermiesen würde.

»Dein Herz braucht Erholung, und ich auch. Wenn du schon stirbst, dann an frischer Luft und nicht an Überarbeitung«, erklärte sie kurzerhand und schob einen Brief über den Tisch. Vorsichtig betrachtete er ihn. Eine Buchungsbestätigung von einem Portal, das sich *Auszeit* nannte und behauptete, die Ferienwohnung *Sanfte Ruhe* wäre einfach ideal für jede Form der Tiefenerholung. Dem Schreiben war ein dünnes Heft beigelegt, ein Wanderführer, der Traditionen und Besonderheiten der Region aufzeigte.

Angesichts der Armada von Tropfen und undefinierbaren Pillen, die in einer Reihe auf dem Frühstückstisch warteten, verzichtete Reiner Hiller auf Protest. Seine Frau erweckte nicht den Eindruck, als könnten Argumente sie von ihrem Vorhaben abhalten. Dazu kannte er Franziska zu lange. Wenn ihre Arme über der Brust verschränkt lagen, die Lippen fest zusammenpresst waren und an der linken Schläfe eine Ader pulsierte, war es besser zu schweigen. Aus jahrelanger Erfahrung wusste er, dass es Naturgewalten gibt, denen ein einzelner Mensch nicht gewachsen war.

Mit dieser Einsicht untersuchte der Kriminalhauptkommissar mürrisch sein Müsli, als handele es sich um einen

Kleinkriminellen. Allerdings konnte er den Getreideflocken keinerlei Gesetzeswidrigkeiten nachweisen.

Noch einmal überflog er den Brief und seufzte verzweifelt. Musste es gerade Unterhagen sein, ein Einhundertsieben-Seelen-Dorf in Mecklenburg-Vorpommern? Im Winter?

»Ich bin sicher, dort wird dir nichts anderes übrig bleiben, als dich zu erholen«, bemerkte Franziska, als könne sie seine Gedanken lesen. Verzweifelt blätterte Hiller in dem Wanderführer. Er betrachtete die Fotos einer Weide im Wandel der Jahreszeiten. Es gab grüne, bunte, abgefressene und verschneite Wiesen, Wiesen mit Spinnweben, Kühen, Rehen oder albernen Strohpuppen. Seiten später entdeckte er zu seinem Erstaunen die Rubrik *Verbrechen*. Neugierig und möglichst unauffällig las er.

> *Seit Jahrhunderten wird in Unterhagen »verbrechen« klein geschrieben. Es beschreibt ungeschicktes Verhalten beim Umgang mit Alkohol. Die einheimische Bevölkerung verwendet den Begriff im Sinne von »den Eimer nicht treffen«. Er verbrach quasi bzw. kotzte daneben. Derartige Leidensgenossen werden als »Verbrecher« bezeichnet.*

Reiner Hiller stöhnte auf, ließ die Postille örtlichen Brauchtums entsetzt fallen und empfand die Aussicht auf ein abruptes Ende plötzlich nicht mehr als ganz so bedrohlich.

Die Ferienwohnung wurde ihnen von einer Frau übergeben, die sich *Urselina* nannte. Ihr gehörten das kleine Reisebüro *Auszeit* und das Ferienhaus *Sanfte Ruhe*. Nach dem üblichen Begrüßungsprozedere begutachtete sie Reiner Hiller von oben bis unten und schüttelte dann besorgt den Kopf.

Irgendjemand musste ihr verraten haben, dass er einen Herzanfall gehabt hatte. Wahrscheinlich seine Frau. Nach der Musterung gab Urselina bekannt, dass sie in der Nacht vor seiner Ankunft weißen Salbei verbrannt hatte, um jegliche negative Energie aus dem Haus zu vertreiben.

Bekümmert wies sie Franziska darauf hin, dass die Aura ihres Mannes bereits zu dissoziieren begann, und es zwingend notwendig sei, seine Mahlzeiten eine Nuance gelber zu visualisieren.

Hiller hielt es angesichts dieses Kommentars für möglich, dass die Frau mit unheilvollen Mächten im Bunde stand. Aus dem Unterhagen-Reiseführer wusste er inzwischen, dass die letzte Hexenverbrennung fast dreihundert Jahre zurücklag. Nach Urselinas Bemerkung über die farbliche Gestaltung seines Essens gab es für ihn keinen Zweifel, dass die damaligen Verantwortlichen nicht alle erwischt hatten. Reiner Hiller beließ es bei der Überlegung, bedankte sich höflich, verabschiedete die Frau freundlich und schloss erleichtert die Tür hinter ihr.

Das Ferienhaus besaß zwei Etagen und war behaglich, wenn auch ein wenig kitschig eingerichtet. Es gab einen großzügigen Wohnraum und eine offene Küche, aus der Franziska ihn selbst während des Kochens beobachten konnte. Des Weiteren verfügte die Wohnung über ein Badezimmer, dessen gemütlichster Platz ein mit künstlichen Seesternen, Muscheln und Fischen dekorierter Toilettendeckel war. In der oberen Etage befand sich das Schlafzimmer mit einem riesigen Panoramafenster und Blick auf eine verlassene Weide. Die Wiese besaß einen tristen graubraunen Ton. Eine Reihe verwachsener Kopfweiden begrenzte sie. Wahrscheinlich führte dort eine Straße oder ein Weg entlang. Dahinter befand sich eine weitere Wiese, deren Unterschied zur ersteren darin bestand, dass sie sich auf einem sanften Hügel verlor. Sonst gab es nichts zu entdecken.

Reiner Hiller sehnte sich nach seinem Schreibtisch und dem Berg Akten, dessen Höhe seinen Augen so gut tat. Augenblicklich wünschte er sich ein nettes überschaubares Kapitalverbrechen, zum Beispiel einen unkomplizierten Mord aus Geiz, Gier oder aus simpler Eifersucht. Noch einmal schaute er hoffnungslos über die kläglichen Wiesen. Einem leidenden Hund nicht unähnlich, ging er zurück in die Küche und schluckte dann die Pillen, die seine Frau ihm reichte.

In der ersten Woche lernte er das Dorf und die Gegend kennen. Urselina stellte ihn einigen Einheimischen vor, und obwohl jeder von ihnen die gleichen Fragen beantwortet haben wollte, ahnte Reiner Hiller, dass alle einhundertsieben Bewohner bereits genaustens über ihn Bescheid wussten. Sie gaben sich zwar freundlich, aber ihre skeptischen Blicke verrieten, dass sie ihn, wenn nicht als potenziellen Unruhestifter, so doch als bedenklichen Fremden einschätzten. Reiner Hiller ertrug es mit stoischer Geduld. Er spazierte täglich mit Franziska schweigend durch die öde Natur. Die ihn schon sein Leben lang bewegende Frage, warum Menschen einander umbrachten, schien in den Weiten Unterhagens einer Antwort sehr nah zu sein.

Der Sonntag begann mit Cerealien, die in Milch zu ertrinken drohten, einem undefinierbaren Kräutertee und einem überdimensionierten Obstteller mit gelben Früchten. In der Nacht hatte es ausgiebig geschneit. Hiller gönnte den schneebedeckten Wiesen nur einen kurzen Blick. Ein weißes Laken ruhte auf der Landschaft und gab ihr etwas Unberührtes, oder wie er es nannte, pathologisch Endgültiges. Erstaunt stellte er fest, dass Spuren über den sanften Hügel führten. Es waren Fußspuren. Jemand war am frühen Morgen über das Feld gelaufen. Ansonsten sah alles wie immer aus. Nur die Farbe hatte gewechselt. Das deprimierende Grau war zu einem monotonen Weiß mutiert.

Auch an diesem Morgen war er früh aus dem Bett gestiegen, zum Ärger seiner Frau. Hiller gedachte schon aus Prinzip, nichts an seinen Gewohnheiten zu ändern. Franziska hatte kurz protestiert und gemeint: »Wir sind wahrscheinlich die Einzigen in diesem Dorf, die an einem Sonntagmorgen mitten in der Nacht aufstehen!«

»Nicht ganz«, hatte er erwidert und war in Gedanken den Spuren im Schnee gefolgt. Dabei strich er sich über die Wange und ließ sich den Protest seiner Frau noch einmal durch den Kopf gehen. Dann antwortete er nachdenklich: »Mindestens eine Person war früher wach als wir.«

Franziska schnaufte wütend, stand dann aber doch auf, begab sich in die Küche und begann, schweigend das Frühstück zu bereiten. Ab und zu schaute sie aus dem Fenster und erfreute sich an der weißen Pracht. Selbst Reiner Hiller konnte der Schönheit des Winters an diesem Sonntagmorgen etwas Positives abgewinnen. Die Spaziergänge in der Natur würden aufgrund der Schneemenge nicht ewig dauern.

Aus den Erfahrungen der letzten Tage wusste er, dass es zwei Möglichkeiten gab: Man konnte um die Felder rechts herumspazieren, Krähen aufscheuchen und ab und an tief durchatmen. Oder man bog nach links ab und tat das Gleiche. Hiller bevorzugte die zweite Variante, schon allein deswegen, um nicht Urselinas Rat befolgen zu müssen, immer rechtsdrehend, also im Uhrzeigersinn spazieren zu gehen.

An diesem Morgen saß er artig am Frühstückstisch, aß seine Cerealien und ließ kein Stück Obst auf dem Teller.

Franziska beobachtete ihn zufrieden. Zwar kam er ihr auffällig nachdenklich vor, aber ihre Hoffnung, dass er in der Abgeschiedenheit zur Vernunft kommen würde, schien sich langsam zu erfüllen.

Als Reiner sie bat, ein wenig allein spazieren gehen zu dürfen, betrachtete sie ihn erst misstrauisch, stimmte dann aber zu. Als Erklärung für sein ungewöhnliches Verhalten hatte er angegeben, einmal in aller Ruhe nachdenken zu müssen. Natürlich sei er sich im Klaren darüber, dass es so nicht weitergehen könne. Sie habe recht! Er setzte noch hinzu, dass ihm bewusst war, dass sie es nicht leicht mit ihm hatte.

Seine Frau hatte ihm geglaubt, obwohl sie es hätte besser wissen müssen.

Bis zu den Kopfweiden brauchte Reiner Hiller eine gute Viertelstunde. Sie begrenzten einen Hohlweg, über den er in Erfahrung gebracht hatte, dass dieser ein Überbleibsel eines alten Handelsweges war, welcher im Mittelalter zu einer der Hansestädte geführt hatte. Obwohl als *lokale historische Sehenswürdigkeit* gepriesen, unterschieden sich diese wenigen hundert Meter kaum von anderen Wegen der Gegend.

Der Schnee knirschte unter seinen Sohlen. Die Luft war klar und kalt. Als Reiner Hiller in den Hohlweg einbog, entdeckte er Reifenspuren. Angesichts der Beschaffenheit des Weges stammten sie wahrscheinlich von einem geländetauglichen Wagen. Genau dort, wo er die Fußspuren vom Schlafzimmerfenster aus bemerkt hatte, musste das Fahrzeug gehalten haben. Die Fußspuren legten nahe, dass der Fahrer ausgestiegen war, um etwas aus dem Kofferraum zu laden. Anschließend musste er über das Feld zu einem kleinen See, der still und unscheinbar hinter der Anhöhe lag, gelaufen sein. Hiller hatte gelesen, dass das Gewässer *Trüberbruch* hieß, weil die darin enthaltenen Schwebestoffe das Wasser undurchsichtig machten. Für diese Gegend besaß der See eine beachtliche Tiefe.

Hiller betrachtete die Spuren im Schnee genau. Er wusste, dass sie zu einem kleinen Steg führen würden, der ein paar Meter in den See hineinreichte.

Die Fußeindrücke waren größer als seine. Der Mann, denn Hiller zweifelte nicht daran, dass es sich um einen Mann handelte, trug mindestens zwei Schuhgrößen mehr als er. Warum jemand so früh unterwegs war, konnte viele Gründe haben. Vielleicht hatte der andere nicht schlafen können, und die Unruhe hatte ihn an die frische Luft getrieben. Vielleicht liebte er die Natur und konnte der Tristesse etwas abgewinnen. Möglich war alles.

Was Kriminalhauptkommissar Hiller aber nachdenklich stimmte, waren die Spuren, die zum See hinführten. Sie waren ein wenig tiefer als jene, die auf dem Rückweg in den Schnee getreten worden waren.

Ein Lächeln huschte über Hillers Gesicht. Er atmete tief durch, so wie der Arzt es empfohlen hatte, und begab sich auf den Heimweg.

Wieder im Ferienhaus angekommen, begrüßte er Urselina und seine Frau überaus freundlich. Er schwärmte von dem wunderbaren Tag, und dass ihm der Spaziergang ausgesprochen wohlgetan habe. Franziska beobachtete ihn skeptisch, schien dann aber doch an ein kleines Wunder zu glauben. Vielleicht beachtete sie deswegen auch seine Frage nicht, die er der Vermieterin fast beiläufig stellte: »Gibt es jemanden in der Gegend, der einen Geländewagen besitzt?«

Urselina überlegte kurz und antwortet mit unverhohlener Abneigung: »Der neue Landarzt fährt so ein Auto. Ein riesiger Kerl, immer ein bisschen grimmig. Seine Frau hat es bestimmt nicht leicht mit ihm. Dabei hat sie das Geld in die Beziehung gebracht. Sie wollte sowieso nicht hierher ziehen. Eine echte Stadtfrau. Manchmal lässt sie sich wochenlang nicht blicken. Gestern allerdings wurde sie im Dorf gesehen. Man munkelt, dass sie sich von ihm trennen will.«

Reiner Hiller lächelte zufrieden. Er nahm das Telefon und schaute seine Frau entschuldigend an. Dann wählte er die Nummer des Dezernats für Mord und Totschlag. Als sich sein Chef meldete, sagte er triumphierend: »Sie können schon mal überlegen, wo Sie den Pokal für den Rekord der meistgelösten Mordfälle hinstellen. In Unterhagen wurde eine Frau umgebracht, und ich kenne den Täter.«

RUHE IST EIN HOHES GUT

Das Poltern über ihm hatte vor 7:30 Uhr begonnen. Es war Sonntag, und Dirk Conrad vermochte die Geräusche zuerst nicht zu deuten. Müde drehte er sich auf die andere Seite, zog die Bettdecke über den Kopf und versuchte, erneut einzuschlafen. Er war spät in der Nacht nach Hause gekommen und hatte erst nach ein paar Gläsern Wein die nötige Bettschwere erreicht.

Sein gestriger Arbeitstag war anstrengend gewesen, denn es bedurfte nicht nur beträchtlicher Mühe, sondern auch erheblichen Zeitaufwandes, um die betroffene Wohnung einer Immobiliengesellschaft wieder in einen annehmbaren Zustand zu versetzen. Die ersten Kaufinteressenten für die Eigentumswohnung hatten sich für kommende Woche angemeldet. Ihm war nichts anderes übrig geblieben, als bis spät in die Nacht zu arbeiten.

Das Krachen und Poltern über seinem Kopf hörte nicht auf. Ganz im Gegenteil, es wurde lauter und von einem Kreischen begleitet, von dem er wusste, dass es einem pummligen Mädchen von höchstens vier Jahren gehörte. Offensichtlich spielte ihre Mutter Fangen mit ihr.

Beide waren übergewichtig und hielten es für angebracht, barfuß über die Dielen zu rennen. Es gibt Kinder, bei denen versagt das übliche Kindchenschema. Das Mädchen, das über ihm wohnte, sah weder süß noch niedlich aus. Auch ihre großen Augen, die rundlichen roten Wangen und kindlichen Proportionen lösten bei Dirk Conrad nicht ansatzweise ein

Fürsorgeverhalten aus. Selbst im Halbschlaf fragte er sich, wen von den beiden er mehr hasste. Mutter oder Tochter?

Empathie zählte nicht zu Dirk Conrads herausragenden Eigenschaften. Außerdem verbot sie sich in seinem Job. Er kam gar nicht auf die Idee zu fragen, ob die blutig-matschigen Überreste eines Hirns einem liebenswerten Menschen oder einem Querulanten gehört hatten. Auch ob eine zum Biotop gewordene Leiche in der Wanne aus Liebeskummer oder wegen purer Ungeschicklichkeit beim Umgang mit einem Föhn zu Tode gekommen war, spielte für ihn keine Rolle. In seinem Job war es grundsätzlich nebensächlich, in welchem Zustand sich Leichen befanden. Dirk Conrad sorgte im Auftrag der Stadt, verschiedener Wohnungsbaugesellschaften sowie privater Hausbesitzer dafür, dass, nachdem er seine Arbeit erledigt hatte, weder von Augen noch von empfindsamen Nasen unliebsame Überbleibsel wahrgenommen werden konnten.

Irgendetwas war oben umgefallen. Vielleicht ein Stuhl oder eine Lampe. Reflexartig zog Dirk Conrad den Kopf ein. Aus quietschendem Lachen wurde ein unerträgliches Heulen. *Als würde das Mädchen mit einem glühenden Eisen malträtiert werden,* dachte er, fegte die Bettdecke zur Seite und stand auf. Am liebsten wäre er die eine Etage hinaufgestiegen, um Ruhe zu fordern. Aber so, wie er die Frau bisher wahrgenommen hatte, konnte er höchstens mit dem Vorwurf der Kinderfeindlichkeit rechnen.

Wieder einmal dachte er, dass ein paar zusätzliche Aufträge für die Entwicklung seiner Reinigungsfirma vorteilhaft wären. Nicht, dass er sich über seinen Verdienst beschweren wollte. Stadtverwaltung und Wohnungsbesitzer bezahlten durchaus großzügig, um ihr Eigentum erneut gewinnbringend vermieten zu können. Die Anonymität einer Stadt sorgte immer wieder dafür, dass jemand oft erst Tage, manchmal

Wochen, sogar Monate später vermisst wurde. Der süßliche Geruch des Todes brachte Dirk Conrad regelmäßig Reinigungsaufträge ein. Dennoch reichte sein Verdienst nicht aus, um sich eine bessere Bleibe leisten zu können. Ein paar unbeachtete Leichen zusätzlich und er bräuchte von einem Umzug nicht mehr nur zu träumen. Aber eigentlich würde er gerne hier bleiben.

Erneut polterte es. Genervt dachte Dirk Conrad, dass es genügen würde, zweimal den Finger um einen Abzug zu krümmen, um sich Ruhe zu verschaffen. Aber dazu war er nicht in der Lage.

Die Beseitigung hingegen würde er gern kostenfrei übernehmen. Leichen ließen sich in der Wanne auflösen, vorausgesetzt, beide passten hinein. In seinem Auto befanden sich einige Kanister Reinigungsmittel. Überbleibsel seines letzten Auftrags.

Ein Mann hatte seine untreue bessere Hälfte erwürgt und im Keller seines Hauses eingelagert. Als dessen Schwiegermutter schließlich die Polizei einschaltete, weil ihre Tochter sich nicht mehr bei ihr gemeldet hatte, wurde der Mörder verhaftet.

Nach Dirk Conrads Meinung wäre es effektiver gewesen, jenen Betonfußboden zu entfernen, dessen Ausdünstungen penetrant an das Drama erinnerten. Angeblich drängte jedoch die Zeit, und so war ihm nur der Einsatz hoch dosierter Reinigungsmittel geblieben. Amüsiert hatte er den albernen Versuch des Maklers verfolgt, den Rest der Geruchsbelästigung mit einem Duftbäumchen zu kaschieren, das der Kerl direkt über der Stelle an der Decke befestigen wollte.

Dirk Conrad ging müde in die Küche, schaltete das Radio ein und kochte sich einen Kaffee.

Das Mädchen heißt Nana, erinnerte er sich plötzlich an ihren Namen. Ihre Mutter hatte ihm bei einer kurzen Begegnung auf der Treppe ungefragt erzählt, dass sie geschieden sei. Seit drei Jahren. Ihr Partner möge keine Kinder und kümmere sich auch nicht um seine Tochter. Wie sie und die Kleine zurechtkämen, interessierte ihn nicht. Dass sie dem Kerl auf den Leim gegangen sei, könne sie heute nicht mehr verstehen. Ohne Nana hätte sie sich längst vor den Zug geworfen.

Schon damals hatte Dirk Conrad diesen Gedanken als tröstlich empfunden und nur bedauert, dass die fehlende Konsequenz der Mutter dessen Ausführung verhindert hatte.

Kurz darauf schlug die Wohnungstür eine Etage über ihm zu. Einen Augenblick lang konnte er noch hören, wie das Mädchen die Treppe hinuntertrampelte und die Mutter ihr schwerfällig folgte, dann war endlich Ruhe. Dennoch war er sich sicher, dass er keinen Schlaf mehr finden würde.

Plötzlich klingelte das Telefon. Dirk Conrads Ein-Mann-Reinigungsfirma bot sieben Tage in der Woche rund um die Uhr ihre Dienste an. Er konnte es sich nicht leisten, seine Auftraggeber zu enttäuschen. Allerdings kam es nicht oft vor, dass ihn jemand anrief und seinen Namen verschwieg. Ein Anrufer hatte sich zwar einmal mit verstellter Stimme über sein Leistungsangebot erkundigt, die Tatsache, dass er grundsätzlich nur mit amtlich bestätigten Papieren aktiv werden durfte, hatte das Gespräch jedoch sofort beendet.

Als sich an diesem Sonntagmorgen aber ein Rechtsanwalt meldete, der eine Organisation vertrat, die er nicht näher nennen wollte, hörte Dirk Conrad interessiert zu. Abgesehen davon, dass der Rechtsanwalt im Auftrag seiner Mandanten eine beträchtliche Summe anbot und ihm darüber hinaus auch europaweit Folgeaufträge in Aussicht stellte – selbstverständlich steuerfrei – war es auch noch ein angenehmer Gesprächspartner. Der Anwalt sprach sachlich und schien ein Kenner der Materie zu sein. Das Gefühl, dass endlich jemand seine Leistungen anerkannte, tat gut. Nach dem Telefonat war Dirk Conrad überzeugt: Das war der Beginn einer wunderbaren Partnerschaft.

Ein paar Tage später saß Dirk Konrad im Büro des Rechts-
anwaltes. Beide Seiten waren sich schnell einig. Die Konditi-
onen ließen sich als überaus großzügig beschreiben und die
Anforderungen an seine Fähigkeiten als nicht übermäßig
aufwendig. Man verstand sich auf eine sachliche und professionelle Art. Es gab kein Detail, das nicht besprochen wurde
und keine Frage, die unbeantwortet blieb. Selbst Dirk Conrads Bitte, einen Passus in den Vertrag aufzunehmen, der sich
des Problems des pummligen Mädchens und seiner nervigen
Mutter annahm, wurde kommentarlos und zeitnah entspro-
chen. Ein Umzug, vorausgesetzt die neuen Mieter würden
sich ruhiger verhalten, war daher nicht mehr notwendig.

ALTE FRAU ZUM KOCHEN GESUCHT

Sebastian Schwarz war Junggeselle oder neudeutsch: Single. Klein, unsportlich und mit Bauchansatz neigte er zu unauffälliger Kleidung in beigefarbenen Tönen. Sein Haar war übersichtlich, genau genommen verkörperte es schulbuchhaft beide Varianten des tendenziellen Haarausfalls. Er arbeitete in der Beschwerdeabteilung eines Callcenters, hatte für alle Anliegen Verständnis, ertrug jede Beschimpfung stoisch und verstand es vorzüglich, für seine Kolleginnen Kaffee zu kochen. Positiv charakterisiert war er einer von den stillen, in sich ruhenden Männern, die von Frauen niemals wahrgenommen und höchstens als *Ist ein ganz Netter* abgetan werden.

Erschwerend kam noch hinzu, dass Sebastian seit frühester Kindheit bei seiner Großmutter Frida Laus gelebt hatte, nachdem seine Eltern bei einem Autounfall ums Leben gekommen waren. Die überzeugte Lehrerin hatte sich seiner angenommen und in seiner Erziehung die Chance gesehen, einen Primus neuen Typs heranzuziehen. Allerdings gehörte Sebastian nicht zu den Schülern, die einem Lehrer Freude bereiten konnten. Ganz im Gegenteil. Aber er war der letzte Spross der Familie. Aus diesem Grunde kümmerte Frida Laus sich besonders um ihn.

Seitdem lebte er bei seiner Großmutter. Nichts deutete darauf hin, dass sich daran etwas ändern würde. Eine passende Frau ließ sich nicht finden. Dass einmal Urenkel in ihrem Garten spielen würden, schien die alte Dame inzwischen auszuschließen.

Sebastian hatte alles probiert, um eine Partnerin kennenzulernen. Sein Versuch, sich alphabetisch durch die Reihen der Callcenter-Mitarbeiterinnen zu arbeiten, war ergebnislos geblieben. Egal, wie gut er Kaffee kochte, über ein freundliches Dankeschön kamen sie nie hinaus. Auch das Bemühen, in Singlebörsen auf sich aufmerksam zu machen, scheiterte spätestens beim ersten Date. Es bedurfte wohl gewichtigerer Argumente. Geld macht erotisch, hatte Sebastian einmal gelesen. Wenn seine Großmutter starb, würde er als Alleinerbe sehr komfortabel von ihrem beträchtliches Vermögen leben können. Er würde nicht mehr Frauen suchen müssen. Die Frauen würden ihn finden.

Frida Laus verfügte über eindrucksvolle Sparguthaben. Ihre Aktienpakete waren hoch dotiert, und die Renten ihrer verstorbenen Männer erlaubten ihr ein unbekümmertes Leben. Neben dem geräumigen Grundstück in bester Lage am Wasser und der Villa besaß sie noch wertvollen Goldschmuck. Gern zeigte sie diesen, am liebsten bei Spaziergängen, an denen auch Sebastian regelmäßig teilnehmen musste. In dem kleinen Ort war das für ihn ein Spießrutenlauf, denn ständig begegneten ihnen Menschen, die alle eines gemeinsam hatten: Es waren ehemalige Schüler seiner Großmutter.

Vom Vermögen der Großmutter hatte Sebastian nichts. Frida Laus war geizig, zumindest wenn es um ihren Enkel ging. *Spare in der Zeit, dann hast du in der Not,* war ihre Devise. Nach ihrem Tod würde er Millionär sein. Er war sich sicher, für die weibliche Klientel würde das ein überzeugendes Argument sein, um über gewisse optische Nachteile hinwegschauen zu können. Lange hatte er gewartet, in der

Hoffnung, Krebs, eine andere bösartige Krankheit oder ein Unfall würde ihr widerfahren. Alternativ wünschte er sich, ein Irrer würde sich seiner erbarmen und seine Großmutter ermorden. Aber nichts Derartiges war geschehen.

Das Problem bestand darin, dass die alte Dame eine erschreckend rustikale Konstitution besaß, geistig auf der Höhe war und regelmäßig an Gesundheitskursen teilnahm. Momentan lernte sie gerade, wie man sich nicht zu Tode frisst. Glaubte man der Dozentin, konnte man bei striktem Befolgen der Anweisungen weit über einhundert Jahre alt werden. Frida Laus schien jedenfalls daran zu glauben. Seit Kursbeginn bestand ihre tägliche Nahrung aus Hirsekornbroten, -breien, -keksen, -schrotsuppen oder -puddings. Außerdem roch das ganze Haus nach Kräuterduftkerzen, die angeblich positiv auf die Entspannung der Zirbeldrüse wirkten. Nach ihrer Überzeugung das beste Mittel, den Tag- und Nachtrhythmus zu justieren.

Sonntags besuchte Frida ihre drei verstorbenen Ehemänner, die sich friedlich eine Grabstätte teilten. Sollte sie einmal nicht mehr sein, würde es zwar etwas eng werden, aber die Friedhofsverwaltung hatte ihr glaubhaft versichert, dass die Herren noch ein wenig zusammenrücken könnten.

Höhepunkt ihrer Offensive wider das Altwerden war aber der Karatekurs für Oldies im örtlichen Polizeirevier. Regelmäßig referierte ein Kriminalhauptkommissar über die Verwendung von Gehstöcken zur Abwehr gegen Lusttäter. Mit anschaulichen Worten hatte dieser – übrigens auch ein ehemaliger Schüler von ihr – den Kursteilnehmern erklärt, wie man die Peanuts böser Jungs dazu bringt, als Leuchtkugeln aus den Ohren zu schießen.

Der Gedanke, dass seine Großmutter ein biblisches Alter erreichen würde, ließ Sebastian verzweifeln. So lange wollte er nicht mehr auf eine Frau verzichten. An seinem vierzigsten Geburtstag war er zur unumstößlichen Überzeugung ge langt, dass es endlich an der Zeit wäre, die Mittachtzigerin ins Jenseits abzuschieben; inklusive ihres verhassten Hundes. Mit Trotzki, Fridas achtjährigem Langhaardackel, befand er sich in einem ständigen Kampf. Der Hund beanspruchte sowohl den Fernsehsessel als auch den Fußbereich unter dem Esstisch und sabberte regelmäßig seine Hausschuhe voll. Schlimmer noch – im Testament wurde Trotzki auf Lebenszeit großzügig berücksichtigt.

Und so galt es, beide mit einem Mal zu erledigen.

Nach dem Studium diverser belletristischer Werke, die sich alle mit dem perfekten Mord beschäftigten, verwarf Sebastian ernüchtert den Gedanken an eine solche Straftat. Schon sein Motiv war zu eindeutig: Über Nacht Millionär! Gier oder Neid, vielleicht auch eine Kombination aus beidem, stünde in der Urteilsbegründung.

Sebastian Schwarz musste jemanden finden, der diese Aufgabe für ihn übernahm. Bei den Kollegen im Callcenter gab es leider niemanden, mit dem er einen Tausch vereinbaren konnte: Großmutter gegen Gattin, Dackel gegen Schwiegermutter. Hilfst du mir, helfe ich dir. Keiner dort würde den Wert einer solchen Win-Win-Situation verstehen.

Natürlich konnte er auch unmöglich eine Anzeige in die Zeitung setzen: *Spezialist für Ablebensfragen gesucht! Finalisierende Betreuung erwartet. Sehr gute außertarifliche Bezahlung. Angebote unter ...*

In einer Pizzeria zu fragen, ob hier zufällig an die Mafia Schutzgeld gezahlt und im Falle einer Weigerung Todesdrohungen ausgesprochen worden waren, versprach auch nicht gerade Erfolg.

Dann lieber einen Russen. Der Versuch scheiterte jedoch an einem Zustand nahe einer Alkoholvergiftung. Nach dem Treffen konnten sich weder Sebastian noch der Russe am nächsten Morgen erinnern, ob sie überhaupt ins Gespräch gekommen waren.

Die Anzeige, die er beim Lesen der Tageszeitung entdeckt hatte – *Alte Frau zum Kochen gesucht* – führte zu einem

Missverständnis. Der Mann, der die Annonce geschaltete hatte, suchte wirklich jemanden, der kochen konnte »wie bei Muttern«.

Sebastian würde einen Profi brauchen, eine Person, die skrupellos zu morden verstand. Der Einzige, der ihm wahrscheinlich helfen konnte, war Reifen-Ralf, ein ehemaliger Schulkamerad, der ihn früher regelmäßig auf dem Schulhof verhauen hatte. Genau der richtige Kerl. Ihn würde er fragen.

Reifen-Ralf, ein grobschlächtiger etwas dümmlich wirkender Typ, besaß eine beachtliche kriminelle Vergangenheit. Vor fünf Jahren hatte er das letzte Mal im Knast gesessen. Damals hieß er noch Ralf. Nach einem Überfall auf die örtliche Sparkasse war der hintere rechte Reifen seines Fahrzeuges geplatzt. Für ihn ein Zeichen. Nachdem er seine Strafe abgesessen hatte, stieg er ins Reifengeschäft ein. Seitdem kannten ihn alle im Ort nur unter seinem Firmennamen. Und tatsächlich fühlte sich der ehemalige Schulkamerad verpflichtet, Sebastian zu helfen, schon deswegen, weil er ihn jahrelang in der Hofpause vermöbelt hatte.

Wenige Tage später meldete sich ein erster Anwärter per Telefon. Sein Codename: *Der Spanier.* Bevorzugte Waffe: Gitarrensaite.

Der Mann hörte sich an, als ob er etwas im Mund habe und sprach mit südländischem Akzent. »Bunosch Diasch!« Nach seiner Aussage besaß er mehrere siebensaitige Gitarren und konnte sich auf jede Halsdicke einstellen. Auf die Frage, ob er die Alte samt Dackel eliminieren könne, antwortete *Der Spanier* entsetzt und akzentfrei, Tieren könne er nichts antun.

Der nächste Bewerber nannte sich: *Der Variable.* Er agiere weltweit und löse jede Aufgabe mit mathematischer Präzision. Alles eine Frage der höheren Arithmetik. Effiziente Berechnung. Reduzierung des Risikos auf einen zu vernachlässigenden Rest. Sein Vorschlag war: Dackel einfrieren und beim sonntäglichen Kirchenbesuch aus einer definierten Höhe zu einem klar kalkulierten Zeitpunkt auf Fridas Kopf stürzen zu lassen. Der Plan erfüllte zwar Sebastians Anforderungen, schien ihm aber wenig praktikabel.

Der Vorschlag der Firma *Rent a Killer,* ein gemeinsames Essen für Hund und Frauchen zu organisieren, selbstverständlich unverdaulich, musste Sebastian leider ausschließen. Trotzki weigerte sich grundsätzlich, irgendeine Variante von Hirsebrei zu fressen. Selbst in Form gepresste Sojaknochen beachtete er nicht.

Vielversprechend schien das Angebot eines Bestattungsinstitutes. Die *Schwestern Petri* spielten mit dem Gedanken, ihre Dienstleistungen auszubauen. Angesichts einer ständig älter werdenden Kundschaft eine geschäftliche Notwendigkeit. Ob das Ableben einer biologischen Laune überlassen oder das Ende mehr ökonomischen Argumenten angepasst wurde, war ihrer Überzeugung nach Haarspalterei. Schließlich landete fast jede Leiche auf ihrem Tisch und bekam das garantierte unverwechselbare Lächeln, für das ihr Haus seit mehreren Generationen berühmt war.
Als Zahlungsmittel bevorzugten sie wertvollen Schmuck, um unnötigen Fragen aus dem Weg zu gehen. Begeistert prüften die Schwestern die goldenen Broschen, Ketten und Ringe des potenziellen Opfers, die Sebastian den beiden heimlich zeigte. Sie bewunderten die wertvollen Schmuckstücke, stritten sich, welche Bluse zu welcher Kette passen würde, und ob Ansteckfedern mit Rubinen noch zeitgemäß waren. Ihre Vorschläge, Auto- oder Eisenbahnunfall, blieben jedoch genauso im theoretischen Ansatz hängen, wie ein gemeinsames Bad der alten Dame mit Trotzki und einem Haartrockner. Enttäuscht verfolgten sie, wie Sebastian den Schmuck wieder einpackte.

So würde er nicht weiterkommen. Einen seriösen Mörder zu finden, schien fast aussichtslos. Den Gedanken, eine Frau an seiner Seite zu haben, konnte er wohl bis auf Weiteres streichen. Niedergeschlagen fand er sich mit seinem Schicksal ab. Es blieb ihm nur die Hoffnung, dass Oma Laus doch noch beizeiten ganz von selbst das Gras von unten betrachten würde.

Kurze Zeit später machte sich sein Herz durch rastlose Unruhe bemerkbar. Das Treppensteigen fiel ihm unbegreiflich schwer. Immer häufiger atmete er wie jemand, der zu ersticken drohte. Der Hausarzt diagnostizierte eine stark reduzierte Lebenserwartung. Sebastians Blutdruck war beängstigend hoch und der Cholesterinspiegel rekordverdächtig. Die Chancen, an einem Schlaganfall oder Herzinfarkt zu sterben, waren annähernd gleich groß. Die Medikamente halfen nicht wie erwartet, verursachten aber schmerzhafte Magenbeschwerden. Angstzustände bemächtigten sich seiner. Plötzliche Schweißausbrüche wechselten sich mit Schüttelfrost ab. Die empfohlenen Spaziergänge und sportlichen Übungen erschöpften Sebastian mehr, als sie halfen.

In den nächsten Wochen malträtierte ihn seine Großmutter mit Entschlackungstees gegen eventuelle Fettablagerungen in den Herzkranzgefäßen. Täglich rieb sie undefinierbare Salben auf seinen Rücken, achtete penibel darauf, dass er die Medizin pünktlich nahm und würzte ihn solange mit Schüßler-Salzen, bis er sich weigerte, den Mund aufzumachen. Trotzki wurde als Nachtwächter eingesetzt, okkupierte das Bettende, schnarchte und machte unanständige Geräusche. In seiner Verzweiflung versuchte Sebastian, mit den verhassten Kräuterduftkerzen seine Zirbeldrüse davon zu überzeugen, ihm einen ruhigen Schlaf zu gewähren. Nichts half. Es ging ihm zunehmend schlechter. Fast täglich besuchte ihn der Arzt, fühlte seinen Puls, maß den Blutdruck und schüttelte bedenklich den Kopf. In den wenigen Momenten, in denen sich Sebastians Körper das Recht eines ohnmachtähnlichen Schlafes nahm, begann er zu halluzinieren. Pensionierte Lehrerinnen tanzten Singsang murmelnd um sein Bett und verpesteten die Luft mit irgendwelchen Kräutern, um seine Atemwege zu kräftigen. Die Vorstellung, als sabberndes, hilfloses Opfer den Rest seines Lebens Oma Frida und ihren Gehilfinnen ausgeliefert zu sein, entmutigte ihn vollends. Albträume plagten ihn. Die Aussicht, nur noch Körnerbrei oder Haferflockenschleim essen und die Ausdünstungen eines alternden Dackels ertragen zu müssen, trieb ihn in den Wahnsinn.

In einer eisigen Winternacht, in der Sebastian Schwarz träumte, dass seine Großmutter ihm Trotzki mit der Bemerkung auf die Brust legte, Dackelkuscheln würde sein Immunsystem stärken, schleppte er sich mit letzter Kraft aus dem Haus. Die wenigen Meter bis zum See kamen ihm unendlich weit vor. Ohne sich umzuschauen oder einen Augenblick zu zögern, stürzte er sich in das eisige Wasser.

Die Todesursache war eindeutig: Selbstmord durch Unterkühlung. Der Arzt der Familie kreuzte das Kästchen *Suizid* an, bevor er mit seiner ehemaligen Lehrerin ein Gläschen Kognak trank.

Das *Bestattungsinstitut Petri* zauberte sein berühmtes Lächeln in Sebastians wirres Gesicht, und sorgte für ein dezentes Urnenbegräbnis auf einer nüchternen Friedhofswiese. Frida Laus kam nicht umhin festzustellen, dass die Brosche mit dem wertvollen Rubin sowie die goldenen Ringe den beiden Schwestern ausgezeichnet standen. Und auch, dass die Arztpraxis demnächst in ihr Haus umziehen würde, ließ sie zufrieden durchatmen. Aber am meisten freute sie sich über Reifen-Ralf. Aus ihm war doch noch ein anständiger Kerl geworden. Zwar war seine Information über die mörderischen Bestrebungen ihres Enkels etwas teuer gewesen, aber sie waren jeden Cent wert.

Schon immer hatte sie gewusst, dass es sich auszahlen würde, in Talent zu investieren. Die alte Lehrerin hatte mit den Jahren ein Gespür dafür entwickelt, aus welchen Schülern einmal etwas Besonderes werden würde.

ARTGERECHTE HALTUNG

Hagen Stolz starb bei dem Versuch, seinem Liebling, *Daisy vom Schnittenhof,* das Leben zu retten. Daisy, eine vier Tage alte, 500 Gramm schwere hausgemachte Pfälzer Leberwurst, war bei einem Streit mit einer Ordnungsamtsmitarbeiterin zwischen die Fronten geraten und schließlich auf die Straße gerollt.

In Verkennung der Situation dachte Hagen Stolz, ein langer gelber Wurm würde sich auf die in Naturdarm gekleidete Wurst stürzen, hechtete mutig auf die Straße und brachte das traumatisierte Konglomerat aus Schweinebauch, Speckbacken und Leber unter Kontrolle. Der gelbe Wurm entpuppte sich als Straßenbahn der Linie 7, und trotz Notbremsung konnte das Drama nicht mehr verhindert werden. Aber was war vorher geschehen?

ERINNERUNGSPROTOKOLL

Hagen Stolz saß auf einer Bank und gönnte sich die Freude der Ruhe. Neben ihm lag zusammengerollt die sehr gut gepflegte und mit einer Eigelb-Honigemulsion eingestrichene Pfälzer Leberwurst.

Die Ordnungsamtsbeamtin Margot Knöllchen absolvierte ihre tägliche Runde, um mit einer Mischung aus pädagogischem Großmut und disziplinarischer Unnachgiebigkeit für Ordnung auf den Straßen zu sorgen. Als sie die beiden verträumt in der Sonne sitzen sah, glaubte sie ihren Augen nicht trauen zu können.

ORDNUNGSBEAMTIN: Guten Tag! Ordnungsamt! Nehmen Sie bitte die Wurst von der Bank.

STOLZ: Bitte nicht so laut. Sie versucht gerade, ein wenig zu entspannen.

ORDNUNGSBEAMTIN: Würste haben kein Anrecht auf einen öffentlichen Sitzplatz.

STOLZ: Daisy, bleib ganz ruhig, die Tante meint es nicht so.

ORDNUNGSBEAMTIN: Sie können doch die Wurst nicht frei herumliegen lassen.

STOLZ: Die tut doch niemandem etwas.

ORDNUNGSBEAMTIN: Eine Wurst gehört nicht auf die Bank! Was da alles passieren kann!

STOLZ:	Meine Daisy ist ganz lieb. Sie verträgt sich mit allen, abgesehen vielleicht von diesen spanischen Chorizo-Würstchen. Derart aggressiv. Luftgetrocknet und eindeutig zu viel Paprika. Kümmern Sie sich lieber um die.
ORDNUNGSBEAMTIN:	Diskutieren Sie nicht! Stecken Sie die Wurst weg, oder legen Sie sie an die Leine.

Neugierig blieben ein alter Herr, eine junge Mutter und eine Grundschullehrerin stehen und verfolgten die Situation.

JUNGE MUTTER:	In diesem Viertel macht doch jede Wurst, was sie will.
LEHRERIN:	Didaktisch finde ich das jetzt nicht wirklich angemessen.
ALTER HERR:	Man weiß ja nie, wie sich so eine Wurst verhält.
STOLZ:	Wir kommen gerade von einer Sitzung: Chancen bei fehlgeschlagener Sozialisierung. Daisy ist noch ganz erschöpft von der Wurstgruppe.
ORDNUNGSBEAMTIN:	Das ist mir egal. Leberwürste werden nicht bevorzugt.
STOLZ:	Das ist eine reinrassige Pfälzer Leberwurst, geimpft, entwurmt, und ich habe auch eine Steuermarke. Außerdem ist sie stubenrein.
ORDNUNGSBEAMTIN:	Ach so! Und was machen Sie, wenn Ihre Wurst mal ein Bedürfnis hat? Haben Sie eine Tüte?
STOLZ:	Eine Tüte für die Wurst meiner Wurst?

ORDNUNGSBEAMTIN:	Das ist nicht witzig. Sie sind verantwortlich als Halter. Das ist eine Ordnungswidrigkeit.
STOLZ:	Sie haben keine Ahnung von Würsten. Versuchen Sie doch mal, die Welt mit ihren Augen zu sehen.
ORDNUNGSBEAMTIN:	Ich bin eine Amtsperson. Ich lehne es ab, wie eine Wurst zu gucken.

Angesichts der eskalierenden Situation wurde die Menschentraube immer größer. Unmut machte sich breit.

ALTER HERR:	Alles Abzocke! Bald braucht man auch noch für eine einfache Wurst einen Parkschein.
ORDNUNGSBEAMTIN:	Ich mache doch die Regeln nicht.
STOLZ:	Wursthasser wie Sie sind die Schlimmsten. Für Sie kommt wohl nur Grünes infrage.
LEHRERIN:	Versuchen Sie mal, für eine Mortadella eine Platzkarte zu bekommen.
STOLZ:	Typen wie Sie sitzen doch den ganzen Tag in der Sonne, mit einer Tasse Wasser, einer Tüte Dünger und assimilieren.
ORDNUNGSBEAMTIN:	Ich fordere Sie nochmals auf: Entfernen Sie die Wurst!
STOLZ:	Machen Sie doch nicht so einen Stress! Ich hoffe, Ihre schlechte Prägung färbt nicht auf meine Daisy ab.
ORDNUNGSBEAMTIN:	Unterlassen Sie dieses emotionale Anblöken. Ich werde jetzt die Wurst konfiszieren.
LEHRERIN:	Ich ertrage Stress überhaupt nicht mehr. Letzte Woche war ich bei einem

	Bienensumm-Kurs. Das ist total gut für mich.
STOLZ:	Wenn Sie Daisy anfassen, garantiere ich für nichts.
ORDNUNGSBEAMTIN:	Sie drohen mir? Ist das eine Kampfwurst?
JUNGE MUTTER:	Mein Kind darf nicht mit fremden Würsten spielen. Man weiß ja nie, wie die reagieren.
ALTER HERR:	Ich bin mit Aufschnitt groß geworden. Das hat mir auch nicht geschadet.
ORDNUNGSBEAMTIN:	Sind Sie überhaupt im Besitz einer Berechtigung zum Halten und Führen von Wurstwaren?
STOLZ:	Die deutsche Leberwurst ist eine Familienwurst. Dafür braucht man keinen Wurstführerschein.
ORDNUNGSBEAMTIN:	Überantworten Sie mir sofort diesen Kringel, oder ich rufe die Polizei.
STOLZ:	Von einer Ordnungsamtstussi lasse ich mir nicht vorschreiben, wie ich mit meiner Wurst umzugehen habe.

Daraufhin zog die Ordnungsbeamtin Margot Knöllchen eine Dose Pfefferspray aus ihrem Gürtel und richtete sie drohend auf die schlummernde Wurst. Hagen Stolz befürchtete das Schlimmste. Wissend, dass Majoran und Muskat allergisch auf ein Zuviel von Pfeffer reagieren würden, stellte er sich mutig vor seinen Liebling. Seine Reaktion war aber so heftig, dass Daisy vom Schnittenhof rücklings von der Bank stürzte und auf die Straße rollte. Aus dem Augenwinkel sah er dieses lange gelbe Ding kommen. Ohne auch nur einen Augenblick zu zögern, sprang er auf die Schienen. Die Wurst konnte im Ganzen gerettet werden, während Hagen Stolz in zwei Teile geschnitten sein Ende unter der Straßenbahn der Linie 7 fand.

PERLHUHNDAUNEN

Die Frauenkleidung, die der Mann trug, war mindestens zwei Nummern zu groß und hätte höchstens noch einer Vogelscheuche gestanden. Kommissar Wilhelm Pott wusste, dass es Männer gab, die sich gern einmal in Frauenkleidern bewegten, aber derart abgetragene und löchrige Fetzen deutete mitnichten auf eine wie auch immer geartete sexuelle Spielart hin. Auf die Frage, warum er sich so verkleidet hatte, konnte der Mann nicht mehr antworten. Er lag auf seinem Teppich und schien entsetzt die Decke anzustarren.

Nach Einschätzung des Rechtsmediziners war der Gefundene seit sechs Stunden tot, plus-minus der üblichen Abweichungen. Da keine äußere Einwirkung festzustellen war, spielte Kommissar Pott mit dem Gedanken, der Einfachheit halber von einem ganz normalen Ableben auszugehen. Die Tatsache jedoch, dass es sich bei der Leiche um einen Siebzigjährigen in Frauenkleidern und Kopftuch handelte, ließ noch zu viele Fragen offen.

»Wahrscheinlich Herzinfarkt«, resümierte der Rechtsmediziner. »Die Obduktion wird Genaueres ergeben. Der Mann ist nicht hier gestorben.«

Wilhelm Pott schaute den Leiter des Rechtsmedizinischen Instituts vorwurfsvoll an. Dennoch änderte dieser Blick nichts an dessen Urteil. Die Hiobsbotschaft, man habe eine Leiche in einem Dorf in der Pampa gefunden, hatte Pott schon zu Dienstbeginn leichte Kopfschmerzen verursacht und ihn nichts Gutes ahnen lassen.

Sorgen bereitete Pott vor allen Dingen ein Messer, dessen Klinge mindestens vierzehn Zentimeter lang und vermutlich seit Jahrzehnten für Abschlachtungs- und Ausweideverrichtungen genutzt worden war. Es lag neben der Leiche und einer Einkaufstüte.

Gefunden hatte den alten Mann die Betreuerin vom Pflegedienst bei ihrem wöchentlichen Besuch. Potts Assistent hatte ihr alle relevanten Fragen gestellt, die zu stellen waren und sie gebeten, der Öffentlichkeit nichts zu erzählen. Jetzt stand die Frau abseits bei einer neugierigen Schar aufgeregter Dorfbewohner, die sie umringten und wild gestikulierend genüsslich die Neuigkeiten diskutierten.

Wie Hühner, denen man Körner vor die Füße wirft, dachte Kommissar Pott und setzte sich auf die Bank vor dem Haus. Ein kurzes Nicken löste bei seinem Assistenten einen Redeschwall mit der Zusammenfassung der bisherigen Erkenntnisse aus.

»Walter Eisenbach, 70 Jahre, verwitwet, kinderlos, lebt seit frühester Kindheit im Ort, mit seinen Eltern 1945 aus Schlesien geflüchtet. Die Pflegediensttante hat ihn gegen 10 Uhr auf dem Teppich gefunden und sofort die Freiwillige Feuerwehr des Ortes gerufen. Wir wurden um 13 Uhr informiert.«

»Wie bitte? Die Freiwillige Feuerwehr? Seit wann werden Hobbypyromanen zur Klärung von Mordfällen herangezogen?« Wilhelm Pott schüttelte genervt den Kopf, bereute es aber sofort, weil das Pochen in seinen Schläfen sich schlagartig verstärkte.

Die Tatsache, dass die Dorfgemeinschaft es erst mit einer Verspätung von drei Stunden für angebracht gehalten hatte, das zuständige Kommissariat zu informieren, war der Lösung des Falls alles andere als zuträglich. Die Spurensicherung hatte nach kurzer Ortsbesichtigung auf die üblichen Aktivitäten verzichtet. Wahrscheinlich gab es nicht einen Bewohner des Dorfes, der den Tatort nicht vor den Kollegen in Augenschein genommen hatte.

»Ich weiß nicht, ob es wichtig ist«, ergänzte der Assistent und blätterte dabei die beiden Seiten des Notizblocks hin und her, »aber an dem Kopftuch hat man eine Feder gefunden. Perlhuhn. Die Viecher sind derzeit in der Mauser.«

Sollte irgendwann irgendjemand mit einem Huhn erschlagen, erstochen oder erstickt werden, so war Kommissar Pott sich sicher, dass sein Assistent nicht nur die Rasse, sondern auch das Alter und die Zuchtlinie der Tatwaffe würde bestimmen können.

»Eine Delikatesse, zusammen mit Schwarzwurzeln, in Sahnesoße auf Gärtnerinnenkartoffeln mit feingehackter Petersilie, unwiderstehlich«, schwärmte sein Kollege und schluckte bei der Vorstellung an das dampfende Mahl.

Wilhelm Pott verdrehte die Augen und rieb sich, in der Hoffnung, damit die Kopfschmerzen zu minimieren, die Schläfen. Natürlich wäre ein Aspirin hilfreicher gewesen, nur wollte er auf keinen Fall danach fragen, um der Dorfgemeinschaft nicht noch weiteren Gesprächsstoff zuzuführen. Stattdessen stellte er die Frage: »Was beabsichtigt ein siebzigjähriger Mann in abgewetzten Frauenkleidern, bewaffnet mit einem Messer und einer Plastiktüte, nachts in einem derart verschlafenen Nest?«

Der Assistent überlegte, ob er antworten sollte, entschied sich jedoch, nur nachdenklich zu nicken. Seine Theorie, der Opa könnte vorgehabt haben, einen Nebenbuhler auszuschalten, behielt er mangels Indizien lieber für sich.

»Assi! Du bist ein Genie. Ich brauche die Namen derjenigen, die Perlhühner auf ihrem Hof halten.«

Derart gelobt zu werden, ließ die Brust des Angesprochenen anschwellen, und Kommissar Pott befürchtete, der Kerl würde vor Stolz zu krähen beginnen. Glücklicherweise unterließ der das und machte sich mit der Bemerkung: »Ich kenne den Vorsitzenden des Kleintierverbandes« an die Arbeit. Pott war endlich allein mit seinen Kopfschmerzen und tat so, als betrachte er vor seinem inneren Auge peinlich genau alle Fakten, Verdächtigen und Motive. Tatsächlich übte er sich in Bewegungslosigkeit, in der Hoffnung, das Pochen in seinem Kopf würde vergehen. Zwanzig Minuten später meldete sich der Assistent per Handy.

»Es gibt drei Höfe, auf denen Perlhühner gehalten werden. Besonders interessant sind die Exemplare von Horst Pegelow. Der hat mehrere überregionale Zuchtpreise gewonnen. Außerdem die Kleintierzüchter-Anstecknadel in Gold, die Ehrenmedaille des Zentralverbandes mit Sonderband, eine Erwähnung auf der Clubeuropaschau in …«

Genervt unterbrach Wilhelm Pott die begeisterten Ausführungen. Hühner interessieren ihn nur im gegarten Zustand, und er setzte hinzu, dass sie sich nach Dienstschluss über Soßen oder darüber, ob die Viecher einfach oder doppelt gebacken besser schmeckten, unterhalten könnten. Jetzt benötigte er aber nur die Anschriften.

Die ersten beiden Adressen brachten nichts, abgesehen von Kaffee und Kuchen, die der Kommissar trotz seines Protestes jeweils in der Küche der betreffenden Familien zu sich nehmen musste. Beide Besitzer hielten Hunde, welche bei dem Versuch, den Hof zu betreten, jeden nächtlichen Besucher in die Flucht geschlagen hätten. Ein nachvollziehbares und überzeugendes Argument dafür, dass weder Walter Eisenbach, noch ein Fremder hier gewesen sein konnte.

Das dritte Gehöft lag etwas außerhalb des Dorfes. Horst Pegelow, der Besitzer, begrüßte Kommissar Pott schon am Tor und gab seiner Frau sofort die Anweisung, Kaffee zu kochen und Kuchen bereitzustellen. Wilhelm Pott winkte erschrocken ab und wies mit belehrendem Tonfall darauf hin, dass er sich im Dienst befände und keine Bestechungen annehme. Grundsätzlich gehöre Gebackenes dazu. Anweisung von ganz oben. Im Interesse der polizeilichen Untersuchungen einigte er sich schließlich mit Frau Pegelow auf eine Leberwurststulle und ein Glas frischer Milch.

»Sie leben hier allein mit Ihrer Frau?«, begann Pott seine Befragung, ohne den Bauern direkt anzuschauen.

»Ich, meine Frau und meine Mutter«, antwortete Pegelow und dem Kommissar entging nicht, dass das Ehepaar einen besorgten Blick austauschte.

»Und wo ist Ihre Mutter jetzt?«

»Oben, im Bett, ist krank.«

Kommissar Pott übte sich in wohlwollendem Bedauern, biss noch einmal von der Leberwurststulle ab und fragte dann fast nebensächlich: »Wie viele Perlhühner haben Sie eigentlich?«

Wieder schaute Horst Pegelow seine Frau an und rückte nervös auf dem Stuhl hin und her. »Zwölf. Elf Hennen, einen Hahn.«

»Vermissen Sie eins?«

»Vermissen? Nö, warum fragen Sie?«

Pott biss erneut in sein Brot und dachte: *Es geht nichts über selbst gemachte Wurst.* Mit vollem Mund antwortete er: »Die Gentechnik ist in der Lage, verlorene Federn quasi auf Knopfdruck ihren Besitzern zuzuordnen. Bei der Leiche wurde nämlich eine Feder gefunden. Perlhuhn.«

Für Kommissar Pott war es immer wieder faszinierend zu beobachten, wie Schuldgefühle einen Menschen in seinem Verhalten unbewusst beeinflussten. Wie ein aufgeschlagenes Buch konnte er in den Blicken des Ehepaares lesen. Behauptete er jetzt noch, dass er die Hühner in Schutzhaft nehmen und den Hof durchsuchen lassen könnte, würden sie ihm sicherlich alles beichten. Aber das war gar nicht mehr nötig.

»Ich habe dir gleich gesagt, dass das eine dumme Idee ist«, fauchte Frau Pegelow ihren Mann ansatzlos an. »Irgendwann mussten sie es doch herausfinden.«

»*Was* herausfinden? Geht es nicht ein bisschen genauer?«, mahnte Wilhelm Pott, trank einen Schluck Milch und wischte sich anschließend den weißen Bart mit dem Handrücken ab.

Verzweifelt knautschte Frau Pegelow ihre Schürze, starrte auf ihre Schuhe und seufzte herzerweichend, als verlange man ernsthaft von ihr, sie solle sich von ihrem mehrfach preisgekrönten Zuchtrammler trennen.

»Seine Mutter liegt in der Tiefkühltruhe im Hühnerstall. Wir brauchten ihre Rente, um unsere Schulden zu bezahlen. Sie ist seit drei Jahren tot.«

Kommissar Pott zögerte ein paar Sekunden, steckte den letzten Krumen aber dann doch in den Mund.

Nach diesem Geständnis war alles klar. Bei dem Toten in Frauenkleidern musste es sich um einen simplen Hühnerdieb handeln. In der Nacht war er auf den Hof der Pegelows geschlichen, um ein Huhn zu stehlen. Als er die Tiefkühltruhe entdeckte, hoffte er offensichtlich, sich die Mühe des Rupfens sparen zu können. Statt nackter Perlhühner jedoch begrüßte ihn Oma Pegelow, tiefgefroren und freundlich lächelnd. Das musste zu viel für sein altes Herz gewesen sein, und der nächtliche Besucher war wie vom Schlag getroffen tot umgefallen, ohne den Deckel noch schließen zu können.

Die Kühltruhe verfügte über einen Warnmechanismus. Als dieser Bauer Pegelow laut klingelnd aus dem Bett getrieben hatte, war er regelrecht über seinen Nachbarn Walter Eisenbach gestolpert. Gemeinsam mit seiner Frau hatte er ihn zurück in dessen Haus gebracht und ihn auf den Teppich im Wohnzimmer gelegt.

Kommissar Wilhelm Pott wischte sich die fettigen Mundwinkel ab, bedankte sich artig für die Leberwurststulle, die Milch und ihr Geständnis. Gern hätte er ein oder zwei Gläser Eingemachtes erworben, verzichtete aber quasi von Amts wegen darauf. Stattdessen kündigte er an, dass die Sache selbstverständlich ein Nachspiel haben würde.

Die Untersuchung der Frauenkleider im Labor ergab, dass sie voller Blutspritzer von Tieren unterschiedlichster Art waren. Der alte Mann hatte jahrelang seinen Bedarf an Hühnern, Kaninchen oder Tauben aus der unmittelbaren Nachbarschaft gedeckt. Keiner der Dorfbewohner hatte ihn verdächtigt. Die Verluste waren zwar ärgerlich, fielen aber nicht wirklich ins Gewicht. Die meisten waren überzeugt, dass ein Fuchs oder ein anderer Räuber zugeschlagen hatte. So etwas kam auf dem Land vor.

Nachdem weitere Zeugen befragt worden waren, konnte der Fall vollständig aufgeklärt werden. Walter Eisenbach war scheinbar der festen Überzeugung gewesen, dass nur eine gute Verkleidung garantierte, dass ihn die Hühner der Nachbarn bei einem späteren Besuch nicht als Täter identifizieren und durch lautes Gackern überführen würden.

ZEUGEN SIND AUCH NUR MÄNNER

Männer wie Moritz Langer lernen eigentlich keine Frauen wie Désirée kennen. Besser gesagt, Typen wie er begegnen zwar Frauen ihrer Klasse, aber nur, um ihnen auf Flugplätzen, Bahnhöfen oder an ähnlichen Orten mit ihren überdimensionierten und schweren Koffern behilflich zu sein. Als Belohnung für ihre Anstrengungen erhalten sie ein paar freundliche Worte in einem vorgetäuscht dankbaren Tonfall und ein unvergessliches Lächeln. Üblicherweise schlägt ein derart Belohnter sich die kommende Nacht mit absurden Gedanken um die Ohren. Göttinnen poppen nun mal nicht mit ihren Untertanen. Natürlich wusste das auch er.

Als Moritz Langer an diesem Tag den Koffer einer äußerst attraktiven jungen Frau in einen bereitstehenden Van lud, änderte sich jedoch alles.

Auf dem Weg zu einem seiner Kunden hatte Moritz gesehen, wie die Hübsche das Monstrum aus einer Garage schob. Sofort stellte er sich die Frage, wie die zierliche Person mit dem süßen Gesicht, dem knappen Kleid sowie den beeindruckenden High Heels das riesige Teil allein in den Wagen hieven wollte.

»Darf ich Ihnen behilflich sein?«, hatte er sich freundlich angeboten und ihre Antwort nicht einmal abgewartet. Beim Hochheben spürte er etwas Feuchtes. Nachdem er den Koffer verstaut hatte und sich die Hände an der Hose abzuwischen gedachte, stellte er fest, dass diese mit einer roten Flüssigkeit beschmiert waren.

Erstaunt blickte er die junge Frau an, die sich nervös umschaute. Er folgte ihrem Blick, aber sie waren allein. Niemand beobachtete sie.

»Ihr Mann?«, fragte Moritz Langer. Es sollte ein Scherz sein. Er wusste, dass Frauen seinen Witz mochten. Es war anscheinend das Einzige, das sie an ihm sympathisch fanden, und die Frage war reflexartig über seine Lippen gekommen. Ihr gequältes Nicken machte ihm jedoch schlagartig klar, dass in dem Koffer eine Leiche transportiert wurde.

Langer war ein gewiefter Verkäufer und besaß ein Gespür dafür, wann ein Geschäft kurz vor dem Abschluss stand. Hier würde er in Rekordzeit eine erstklassige Vereinbarung treffen können, die vielleicht nicht zum gegenseitigen Vorteil war, aber doch zu einer gewissen Befriedigung seinerseits beitragen dürfte. Sein Blick auf ihre Rundungen ließ bei Désirée keinen Zweifel aufkommen, dass sie sein Schweigen nicht mit Geld würde erkaufen können. Daraufhin taxierte sie ihn ebenfalls, wobei ihr Gesicht kaum verhehlte, dass ihr nicht gefiel, was sie sah. Er war nicht nur erheblich älter und einen Kopf kleiner als sie, sondern sein Körper schwitzte auch noch durch die beträchtlichen Fettreserven, die von einem viel zu engen Anzug nur unzulänglich kaschiert wurden. Moritz Langer war das egal. Schweigen hatte nun mal seinen Preis.

»Ich denke, angesichts der delikaten Situation können wir uns mit den Vornamen ansprechen. Ich bin Moritz«, stellte er sich vor.

»Désirée«, antwortete sie kleinlaut und reichte ihm ein Tuch für seine Hände.

Die Fahrt dauerte eine halbe Stunde und endete an einer Villa aus der Gründerzeit. Die Auffahrt führte durch einen kleinen Park, der sehr gepflegt aussah und das Können eines Landschaftsgärtners verriet.

Désirée parkte den Wagen hinter dem Haus.

Unterwegs hatte sie erklärt, dass sie noch keine Idee hatte, wo man die Leiche verschwinden lassen könnte. Moritz hatte ein paar Vorschläge gemacht, allerdings relativ schnell erkannt, dass die Entsorgung menschlicher Überreste so einfach nicht sein würde. Den Koffer in einem See zu versenken, barg das Risiko, dass Taucher ihn fanden. Einen Unfall vorzutäuschen und die Leiche restlos verbrennen zu lassen, hätte nur funktioniert, wenn der Wagen in eine Tankstelle gerast wäre. Technisch war das kaum zu meistern. Sie im Wald zu vergraben, schloss eine zufällige Entdeckung nicht aus. Wie tief eine Leiche in den Boden gehörte, damit wilde Tiere sie nicht ausbuddelten, müsste er erst googeln, hatte Moritz nachdenklich bekannt. Daraufhin begann Désirée zu lachen. Auch sie habe gegoogelt, allerdings um herauszufinden, welches Gift schnell und tödlich wirke, und wie viel man davon benötige.

Schließlich waren sich beide einig, dass sie sich später darüber Gedanken machen würden. Zuerst galt es, den sinnlichen Pakt zu besiegeln.

Moritz Langer hatte geduscht, sich in einen flauschigen Bademantel gewickelt, der eindeutig zu groß für ihn war, und sich dann in ihrem Schlafzimmer auf ein Laken gelegt, dessen Dimensionen ihn beeindruckten. Ein wenig kam er sich wie ein Käfer vor. Als Désirée vor das Bett trat und ihren Körper darbot, glaubte er sich am Ziel seiner Wünsche. Er ließ sich verwöhnen und genoss das, was er sich in schlaflosen Nächten oft erträumt hatte.

Allerdings bekam er mehr als gewünscht. Zuerst spürte er nur einen unangenehmen Stich im Oberschenkel, den er nicht deuten konnte. Zu sehr war er da noch von Désirées erotischer Ausstrahlung und ihren Bewegungen fasziniert. Wenig später registrierte er an der Einstichstelle ein Brennen. Fast gleichzeitig begann sein Herz zu rasen. Entsetzt starrte Moritz auf die Spritze in ihrer Hand, in der sich noch ein Rest

einer undefinierbaren, gelben Flüssigkeit befand. Unzweifel-
haft das Ergebnis ihrer Google-Recherche. Flehend schaute
er sie an. Das süße Gesicht hatte sich verhärtet. Sie beobachtete ihn mit einer Gleichgültigkeit, die ihm verriet, dass ihre
Sinnlichkeit nichts anderes als das Ergebnis perfekt prak-
tizierter Professionalität war. Verzweifelt versuchte Moritz
Langer, sich aufzubäumen. Doch Désirées kräftige Schenkel
hielten ihn fest. Dann schwanden ihm die Sinne.

Detlef Rademacher hasste seinen Job von ganzem Herzen.
Immerhin hatte er es geschafft, sich aussuchen zu können, auf
welcher Runde er sich als Ordnungsamtsmitarbeiter die Füße
platt treten durfte. Er hatte sich für die vornehmen Viertel
entschieden, weil es ihn anwiderte, von uneinsichtigen Bür-
gern beschimpft zu werden. Hier regte man sich nicht wegen
eines Knöllchens auf. Außerdem liebte er es, Arztfrauen, Un-
ternehmergattinnen oder anderweitig zu Geld gekommene
weibliche Ehehälften zu belehren. Auch für sie galten die
städtischen Bestimmungen.

Den Schönen und Unerreichbaren die Grenzen ihres
Scheins aufzuzeigen, barg zwar nur eine kleine Befriedigung,
aber allein, dass sie ihm zuhören mussten, machte seinen Job
erträglich.

Als Detlef Rademacher an diesem Tag um die Straßen-
ecke bog, sah er mit Freude einen Van in der zweiten Reihe
parken. Die Warnblinkanlage blinkte, und der Motor lief.
Eine junge, überaus beeindruckende Frau schloss gerade das
Tor. Ihr Anblick zauberte ein Lächeln auf Detlefs Gesicht.
Während er um das Auto herumlief und das Kennzeichen
erfasste, glitt sein Blick immer wieder über ihr großartiges
Profil. Als sie endlich das schwere Tor verschlossen hatte,
entdeckte sie ihn, und ihr war eine gewisse Verzweiflung anzusehen.

»Ihnen ist doch wohl klar, dass Sie mindestens gegen
drei Regeln der Straßenverkehrsordnung verstoßen haben?«,
fragte Detlef Rademacher. Wichtig wippte er auf seinen Ze-

henspitzen und tippte dabei langsam und pedantisch Datum und Uhrzeit in sein Erfassungsgerät. Er liebte es, wenn er seine Macht ausspielen durfte. Die Meisten ignorierten ihn, aber die junge Frau schien beeindruckt zu sein. Erneut lief er langsam an ihr vorbei und um das Auto herum, um jedes Detail zu inspizieren.

»Die hintere Tür ist nicht richtig geschlossen«, bemängelte er und wackelte missbilligend mit dem Kopf. Désirée wurde blass, als er die Wagentür öffnete, um sie mit ein wenig mehr Druck ins Schloss fallen zu lassen. Als jedoch ein nackter Arm, der unter einer Decke verborgen lag, vom Sitzpolster rutschte, trat Detlef Rademacher entsetzt einen Schritt zurück. Es dauerte einen Augenblick, bis er begriffen hatte, was er sah.

Die Frau atmete schwer und schien jeden Moment zusammenzubrechen. Schnell umfasste er ihre Hüfte, hielt sie fest, sog dabei ihren Duft ein und spürte eine Wärme, die ihn verwirrte.

»Könnten wir uns vielleicht arrangieren?«, fragte sie und gab dem *vielleicht arrangieren* eine unmissverständlich sinnliche Komponente.

Zum ersten Mal in all seinen Dienstjahren ging Detlef auf ein Bestechungsangebot ein. Désirée und er würden sich am späten Abend in ihrer Villa treffen. Er wusste, dass Männer wie er normalerweise keine Frauen wie sie kennenlernten.

Aber was konnte schon schief gehen? Er kannte ihr Autokennzeichen, ihren Namen, die Adresse und hätte bis ins kleinste Detail nicht nur ein Phantombild von ihr zeichnen lassen können. Dass Désirée ihn von oben bis unten taxiert hatte und seinen knochigen Körper deutlich erkennbar nur ungern verwöhnen wollte, war ihm egal. Schweigen hat nun mal seinen Preis.

BEIM ARZT

Otto Schwatke wurde Opfer einer menschenverachtenden Gesundheitspolitik, in der nicht die Bedürfnisse des Patienten, sondern nur noch seine Zahlungsfähigkeit im Mittelpunkt standen. Er starb nicht ganz unerwartet bei den Feierlichkeiten anlässlich seiner dreijährigen Leberzirrhose.

Freunde und Weggefährten des Stammtisches *Alkohol for Freedom* waren zutiefst betroffen. Einer ihrer Aktivsten war für seine Überzeugung gestorben.

Das aufgezeichnete Gespräch dokumentiert in einzigartiger Weise, wie gleichgültig und verantwortungslos in deutschen Kliniken gearbeitet wird.

Otto Schwatke, dezent graugrün im Gesicht, betrat gemessenen Schrittes das Klinikum. Den Umständen entsprechend ging es ihm schlecht, sichtlich schlecht. Verzweifelt schaute er sich um, bis er einen Arzt entdeckte.

ARZT: Na, wo drückt's denn?

SCHWATKE: Ich habe Seitenstechen. Nach jedem Essen Unwohlsein. Alkohol vertrage ich überhaupt nicht mehr.

ARZT: Sie sind mit Ihrer Leber unzufrieden?

SCHWATKE: Vortrefflich diagnostiziert. Ich fürchte, das gute Stück macht nicht mehr lange.

ARZT: Verstehe. Dachten Sie an ein neues Modell, eine Komplettsanierung, oder wollen Sie nur gewisse Verträglichkeiten anpassen?

SCHWATKE: Ich glaube, die Entgiftung ist total hinüber.

ARZT: Lassen Sie mich raten. Sie trinken schon auf der Milz?

SCHWATKE: Was würden Sie mir denn empfehlen?

ARZT: Hängt ganz von Ihnen ab. Möchten Sie in Hightech investieren, oder reicht Ihnen auch eine runderneuerte?

SCHWATKE: Eine runderneuerte Leber? Kommt überhaupt nicht infrage. Man weiß ja nie, wie viel Liter die schon weg hat.

ARZT: Verstehe.

SCHWATKE: Besonders kritisch ist die Einnahme von Rotwein. Der liebliche geht gar nicht, der trockene eher so lala.

ARZT: Ah ja. Leberkoma. Schon mal versucht, den Wein intravenös aufzunehmen?

SCHWATKE: Ich bevorzuge die klassische Methode. Verstehen Sie, ich bin Trinker.

ARZT:	Um eine neue Leber kommen Sie aber nicht herum.
SCHWATKE:	Dann bitte eine neue Leber.
ARZT:	Eine wirklich gute Entscheidung. Wir haben Modelle, die sich nach den Vorgaben des Deutschen Reinheitsgebots vorzüglich bewährt haben. Stammtischerprobt. Absinthkompatibel. Ignorieren Korn, Wodka und Klaren.
SCHWATKE:	Ach! Letztere sieht die Leber wohl nicht?
ARZT:	Ein Triumph der Wissenschaft. Unser Haus führt ausgezeichnete internationale Spitzenmodelle. Vereinzelt auch: Jahrgangslebern.
SCHWATKE:	Jahrgangslebern? Was schaffen die denn so weg?
ARZT:	Satte 70 % reinen Alkohol in den ersten 30 Minuten. Danach zwei Flaschen Ihrer Wahl pro Stunde.
SCHWATKE:	Das eröffnet mir ja ganz neue Perspektiven.
ARZT:	Das ist unser Topmodell: Leber-refresh. Kompakt eingestellt, anspruchslos, passt sich jedem Getränk an. Garantiert einen satten Rausch.
SCHWATKE:	Gibt es irgendetwas im Angebot? Derzeit sind doch Organwochen.

Daraufhin blätterte der Arzt nachdenklich in einer Liste und wackelte bedächtig mit dem Kopf. Plötzlich heiterte sich seine Miene auf.

| ARZT: | Veganerleber, frei von jeglichen Schadstoffen, durch und durch jungfräuliches Absorptionsgewebe. Sie sind in null Komma nix voll wie ein Pisstop! |

SCHWATKE:	Tofuorgane lehne ich ab.
ARZT:	Wenn Sie sich für zwei neue Lebern entscheiden, bekommen Sie eine Wanderniere gratis.
SCHWATKE:	Haben Sie keine Kassenmodelle? Irgendwie etwas Preisgünstiges?
ARZT:	Ich kann Ihnen eine aus zweiter Hand anbieten. Fünf Vorbesitzer. Siebenundvierzig Jahre alt. Leider nicht scheckheftgepflegt.
SCHWATKE:	Bitte kein Gammelfleisch.
ARZT:	Gerade frisch eingetroffen. Autounfall. Allerdings ist der rechte Leberlappen leicht profiliert. Bei Rot über die Ampel. Winterreifen. Funktioniert aber noch. Könnten wir glattbügeln.
SCHWATKE:	Ich weiß nicht. Etwas Vollständiges wäre schon schön.
ARZT:	Mit ein bisschen Glück kommt mit der nächsten Rushhour was rein.
SCHWATKE:	Sie werden doch irgendeine Leber haben.
ARZT:	Schwierig. Wir haben nur noch ein echtes Liebhaberstück. Sonderposten. Adrenalindirekteinspritzung, gibt ein sattes Ansauggeräusch. Auf die ersten Doppelten getunt.
SCHWATKE:	Sicher nicht ganz billig, oder?
ARZT:	Einen fünfstelligen Betrag müssen Sie schon einplanen.
SCHWATKE:	Kann ich die auch leasen?
ARZT:	Die Leber? Heute nutzen, morgen zahlen? Tut mir leid. Das geht leider nicht.

Otto Schwatke ging unverrichteter Dinge nach Hause. In der Hoffnung, die Diskussion um eine Abwrackprämie für Altorgane würde in der nächsten Zeit zu Ergebnissen führen, begab er sich auf seine Jubiläumsfeier. Überzeugt, die alte

Leber würde es zumindest den Abend noch machen, trank er mit seinen Freunden ein letztes Glas auf die Gesundheit.

DIE BESTE THERAPIE

Das Weihnachtsfest stand bedrohlich vor der Tür. Fenster waren mit Lichterketten, leuchtenden Sternen oder Schwibbögen geschmückt und dokumentierten umfassend den Grad der zu erwartenden Gemütlichkeit. In wenigen Tagen würde die besinnliche Litanei in gewohnter Intensität zuschlagen und sämtliche Beziehungsprobleme unter einem zuckersüßen Lächeln begraben.

Nicht nur Finanzämter verzichteten während des Festes der Geburt des Herrn auf den Versand schlechter Nachrichten, nein, auch das Ehepaar Grüthner stellte dann stets jedwede Kampfhandlungen ein. Doch in diesem Jahr drohte der Waffenstillstand nicht zu halten.

Lieselotte Grüthner hatte zuerst angegriffen. Mit dem Vorziehen der gefürchteten Frühjahrsoffensive, dem Abstauben der Bücher, begann die Konfrontation. Daraufhin hatte sich Ottfried Grüthner beleidigt in den Keller zurückgezogen. Er hasste es, dass seine Frau jedes Buch einzeln in die Hand nahm, zum Fenster schlich und kräftig pustete, als sprühe sie Bügelwasser auf ein Hemd. Anschließend schlurfte sie hüstelnd zum Regal, um sich ein neues Exemplar zu greifen, wobei sie ihn jedes Mal vorwurfsvoll anschaute, eine Prozedur, die problemlos einen Vormittag meucheln konnte. Dass sie in diesem Jahr ausgerechnet *vor* Weihnachten damit anfing, empfand Ottfried Grüthner als Provokation wider die Gemütlichkeit.

Im Keller sortierte er wütend Schrauben und beschloss, einen derart hinterhältigen Überfall nicht nur mit zwei Tagen

Schweigen zu beantworten. Es galt, auf schwereres Kaliber zurückzugreifen.

Für die Eskalation des vorweihnachtlichen Streits sorgte schließlich eine Rolle Toilettenpapier. Ottfried hatte die mit Weihnachtsengeln bedruckte Rolle falsch herum auf den Halter gesteckt. Somit stimmte die Abrollrichtung nicht.

Lieselottes Behauptung, die Weihnachtsengel klatschen beim Starten direkt gegen die Fliesen, machte Ottfried sprachlos. Bei diesem Anblick könne sie nicht! Für daraus resultierende Koliken sei er verantwortlich.

»Ist es wirklich zu viel verlangt, ein einziges Mal die Rolle richtig herum anzubringen?«, echauffierte sich Lieselotte und ergänzte: »Das kann doch nicht so schwer sein!«

Mit einem Lächeln hatte er die Schultern gezuckt und sich geweigert, das Klopapier in die optimale Position zu bringen. Daraufhin verkniff Lieselotte sich die Entleerung ihrer Verdauungsprodukte.

Ottfried war zufrieden. Die Stunden auf seinem alten Sessel im Keller hatten ihn auf die Idee mit der Toilettenrolle gebracht.

In der folgenden Nacht übte das Ehepaar im Bett gegenseitige Missachtung. Sie taten so, als gebe es den anderen gar nicht.

Leider gab das Bett bei jeder Bewegung Geräusche von sich, als wolle es seinen Unmut über seine Nutzer zum Ausdruck bringen, die sich ständig theatralisch von der einen auf die andere Seite wälzten. Das Holzgestell knarrte, Eisen quietschte unter der erheblichen Drucklast, und ein Ton, der einem hechelnden Jammern nicht unähnlich war, erfüllte das Schlafgemach. Das Ehepaar Grüthner wechselte sich in seinem Bemühen ab, eine bequeme Schlafposition einzunehmen, bei der schließlich doch die Müdigkeit über die Wut auf den Partner siegte.

Besäße ein Bett die Fähigkeit zu philosophieren, würde es den Verfall einer mehr als vierzigjährigen Ehe anhand der Bewegungsabläufe trefflich diagnostizieren können. Aus leidenschaftlichen Hin- und Herbewegungen, temperament-vollen Drehungen und exotischen Positionskämpfen der ersten Jahre war eine träge Massenverlagerung sich nur noch mühsam ertragender Partner geworden.

Das Einzige, das ihre Ehe noch zusammenhielt, war Lieselottes üppige Küche, die mit den Jahren eine Reihe von Konfektionsgrößen der Erinnerung überlassen hatte. Der Lack war ab, nicht nur am Bettgestell, sondern auch in der Beziehung.

Einen Versuch, ihre Ehe bei einem Therapeuten zu ordnen, kündigten die Grüthners nach wenigen Sitzungen wegen mangelnder Erfolgsaussichten. Den Vorschlag des Psychologen, doch einmal etwas zusammen zu planen, um verloren geglaubte Gemeinsamkeiten wiederzuentdecken, hielten sie für theoretisches Geschwätz.

Seit Lieselotte ihre Entleerung eingestellt hatte, waren fast zehn Stunden vergangen, und ihre Gedärme fingen an, gefährlich zu rumoren.

✣

Ein Uhr nachts.

Beide liegen wach, tun aber so, als schlafen sie tief und fest. Nur keine Schwäche zeigen, egal wie müde man ist. Ab und zu das obligatorische Drehen oder Wälzen, eine Garantie dafür, dass der andere nicht vorzeitig einschläft.

Zwei Uhr.

Lieselotte zieht mehrfach ruckartig die Beine an den Körper, während Ottfried mit dem Zeigefinger auf den Bettrand trommelt. Im Fünfminutenrhythmus nimmt er den Wecker in die Hand, prüft die Uhrzeit und stellt ihn zurück auf den Nachttisch.

Kurz vor drei Uhr.

Das Bett quietscht, knarrt und jammert in den höchsten Tönen. Lieselotte stöhnt, und Ottfried spürt, wie sein Blutdruck erbarmungslos direkt unter der Schädeldecke mit einem imaginären Presslufthammer einen Durchbruch zu erzwingen versucht. Schließlich springt er wütend auf, stampft ins Bad und bringt die Startbahn der Weihnachtsengel in die richtige Position. Lieselotte folgt tippelnden Schrittes. Sie erspart sich jeden Kommentar und hält die Luft an.

❦

Um Glück zu empfinden, bedarf es nicht viel. Manchmal reicht schon eine menschliche Selbstverständlichkeit, um emotional neu ausgerichtet zu werden.

Zufrieden und erleichtert setzte sich Lieselotte auf das Örtchen. Sie blätterte verträumt in einem der Kataloge, die in einer beträchtlichen Anzahl neben der Toilette gestapelt lagerten. In Augenblicken vollständiger Abgeschiedenheit kamen ihr die besten Ideen.

Zurück im Schlafzimmer, setzte sie sich auf ihre Bettseite und betrachtete ihren Mann. Seufzend sagte sie: »Schatz, so geht das nicht weiter. Wie wäre es, wenn wir uns zu Weihnachten ein neues Bett schenken würden?«

❦

Das Traditionshaus *Merkel & Daum* war auf horizontale Bedürfnisse spezialisiert. Seit Generationen wurde ein umfassendes Wissen über Bettgestelle, Lattenroste und Matratzen vererbt.

Die Schaufenster waren in der Weihnachtszeit frei nach der biblischen Geschichte gestaltet. Mal lag ein schlafendes Schaf in einem krippenähnlichen Bett. In einem anderen Fenster kuschelten Melchior und Caspar unter einer riesigen Daunendecke und wurden neidisch von Balthasar beobachtet. Maria und Josef saßen vor einem voluminösen Kissen, auf dem ein noch voluminöserer Jesus lag. Beide schauten nach oben, als fänden sie dort eine Antwort, wie das passiert sein konnte.

Das Ehepaar Grüthner betrat, ohne die Auslagen eines Blickes zu würdigen, das Bettenhaus. Sie wurden höflich von einem Mitarbeiter begrüßt. Auf dem Kopf trug er eine Weihnachtsmütze mit Sternbommel, die abwechselnd blau, grün und rot leuchtete. Ein Blickwechsel genügte und die Grüthners waren sich sicher, den Richtigen gefunden zu haben. Der schlaksige Mann war keine dreißig Jahre alt, wie ein Vertreter gekleidet und hatte es anscheinend aufgegeben, sein nervös zuckendes rechtes Bein zu kontrollieren. Die Begrüßung verlief freundlich und pointiert, ganz nach Verkaufsleitfaden.

Der Mann, auf dessen Namensschild *P. Welker – 1. Verkäufer* stand, hielt seine Rede mit nunciertem Pathos. »Unser Unternehmen liefert schon seit 1810 körpergroße Stoffkissen. Napoleon hat auf einer unserer Matratzen geschlafen und seitdem ist *Waterloo* – selbstverständlich weiterentwickelt – *das* Erfolgsmodell unseres Hauses.«

Ein Lächeln huschte über Lieselottes Gesicht. Der 1. Verkäufer P. Welcker würde ihnen helfen, daran hatte sie jetzt keinen Zweifel mehr.

»Tatsächlich? Napoleon? Gibt's auch Matratzen in meiner Körpergröße?«, wollte Ottfried wissen und hielt seine Hand demonstrativ unters Kinn.

Immerhin war ihr gemeinsames Bett ein Hochzeitsgeschenk seiner Eltern gewesen. Die wiederum hatten das solide Möbel von den Großeltern väterlicherseits geerbt. Und es war nicht auszuschließen, dass das im Biedermeierstil gefertigte Unikat einst im Besitz einer herrschaftlichen Familie gewesen war. Angeblich hatte der Ururgroßvater, Otmar Grüthner, das Bett von einem verarmten Adeligen erworben und es dann genutzt, um den familiären Stammbaum beträchtlich wachsen zu lassen.

»Selbstverständlich haben wir für alle Bedürfnisse die passenden Optionen«, bemühte sich der Verkäufer um einen verbindlichen Ton.

»In aller Bescheidenheit können wir von *Merkel & Daum* behaupten«, ergänzte er stolz, »das qualitativ hochwertigste und auch den ausgefallensten Ansprüchen genügende Sortiment zu führen. Wie darf ich Ihnen dienen?«

»Ich möchte, und du sicherlich auch, Schatzilein, ein Bett, das sich dezent verhält«, erläuterte Lieselotte ihr Anliegen.

»Dezent?«, fragte P. Welcker etwas ratlos.

»Wir möchten nicht, dass es sich äußert«, erklärte Ottfried, um den Mann komplett zu verwirren. »Stellen Sie sich vor, unser jetziges Bett kommentiert jede unserer Bewegungen.«

»Ach!«, reagierte der Verkäufer erstaunt und wackelte ungläubig mit dem Kopf. »Sie möchten etwas Solides. Bequem, gesundheitsfördernd und selbstverständlich schweigsam soll es sein. Richtig?«

Lieselotte und Ottfried Grüthner nickten.

»Immanent wichtig ist das Zusammenspiel von Basis und Überbau«, theoretisierte der Verkäufer und fuhr fort: »Lassen Sie uns mit den Auflagen beginnen.«

Mit einer Handbewegung, als weise er der Queen persönlich den Weg ins Paradies, zeigte der Verkäufer auf eine Matratze.

»*Sangria* – der Lebensstil des mediterranen Raumes.«

Lieselotte fühlte sich geschmeichelt, nahm die dargebotene Hand und platzierte sich damenhaft auf der Bettkante. Elegant versuchte sie, das linke Bein auf das rechte zu legen, wobei sie fast das Gleichgewicht verlor. Zweifelnd wippte sie ein wenig auf und ab, von links nach rechts und wieder zurück. Sie schüttelte nachdenklich den Kopf und verzog das Gesicht.

»Geht gar nicht«, fasste sie das Ergebnis zusammen. »Viel zu weich! Da komme ich ja nie wieder raus.« Dann streckte sie den rechten Arm vor und ließ sich von ihrem Mann hochhelfen.

»Wir haben Matratzen mit verschiedenen Härtegraden. Oder Sie entscheiden sich für zwei separate Modelle.«

»Die Besucherritze als Demarkationslinie? Kommt nicht infrage. Sie wissen doch …«, erklärte Lieselotte charmant, »… das Bett ist das Barometer einer jeden Ehe!«

Das Ehepaar Grüthner strahlte sich an. Wenn sich jemand mit horizontalen Barometern auskannte, dann sie.

»Honoré de Balzac!«, erwiderte P. Welker erfreut, stolz darauf zu wissen, von wem das Zitat stammte.

»Unser Problem ist, dass wir uns immer in der Mitte des Bettes treffen.«

Auch wenn der Verkäufer angesichts der beträchtlichen Körperfülle der beiden darüber nicht wirklich erstaunt war, blieb er verbindlich und eloquent.

»Ich denke, das ist ein Problem des Lattenrostes. Vielleicht sollten wir uns zuerst mit dem Unterbau beschäftigen.«

Der Rundgang begann direkt neben der Eingangstür. Aufmerksam lauschte das Ehepaar den Ausführungen über Schichtholzrahmen, Zonen-Rahmen, Duplex-Luxusrahmen, Latten- und Rollrosten, Stauraumkonstruktionen, Metall-, Rattan- und Studiobetten. Sofort waren sie sich darüber einig, dass Rundbetten seekrank machten.

Schließlich betraten sie die Abteilung *Lifestyle*. In der Mitte des separaten Studios befand sich ein einzelnes Bett, in dezentes, warmes Licht getaucht. Mit einer Stimme, die zu versagen drohte, begann P. Welker seine Ausführungen.

»Dieses Modell ist das beste Bett der Welt. Sie glauben nicht, wie stolz wir von *Merkel & Daum* sind, es in unserer Angebotspalette zu wissen.« Als gelte es, diese Aussage zu unterstreichen, beschloss die Weihnachtsbommel, nur noch rot zu leuchten.

»Und was kostet so etwas?«, fragte Lieselotte neugierig und stupste in einem unbeobachteten Augenblick ihren Ellenbogen in Ottfrieds Seite.

»Unser teuerstes und qualitativ überzeugendstes Modell heißt *Bummsy*, produziert von einem schwedisch-finnischen Konsortium und kostet soviel wie ein Mittelklassewagen.«

Ehrfurchtsvoll legte er eine Kunstpause ein, um dann fortzufahren. »*Bummsy* gibt es in drei Härtegraden. Eine Doppelmatratze auf der Basis von Taschenfederkernen und ein Topper aus handgezupftem Pferdeschweifhaar. Der Unterbau ist aus hochwertigem Vogelaugenahorn gefertigt und ruht auf Füßen aus westindischem Zedreleholz. Die Liegekonzeption und die Wahl edelster natürlicher Materialien garantieren eine orthopädisch-korrekte Lagerung jeder Wirbelsäule. Das Nonplusultra bettentechnischer Entwicklung!«

Der 1. Verkäufer von *Merkel & Daum* legte eine Schweigeminute ein und ließ das Gesagte auf die Kunden wirken. Schließlich drängte P. Welker: »Sie müssen einmal darauf Platz nehmen. Ich bestehe darauf! Ein derart hochwertiges Produkt muss man probiert haben.«

Vorsichtig setzte sich Ottfried auf die Bettkante und strich prüfend mit der Hand über die Oberfläche. Dann erhob er sich, ließ sich mit seinem gesamten Gewicht fallen und lauschte. Nichts. Beeindruckt nickte er, stand erneut auf, hüpfte ein wenig – ähnlich dem Ball eines Tennisspielers vor dem Aufschlag – und sprang dann mit voller Wucht mit dem Gesäß voran in die Mitte der Matratze. Das Bett schwieg. Es gab kein Geräusch von sich.

P. Welker lächelte selbstgefällig und verkündete, einem Lehrer nicht unähnlich: »*Bummsy* ist so konzipiert, dass es auch den höchsten Ansprüchen genügt.«

»Vielleicht solltest du mal …«, schlug Ottfried vor und nickte seiner Frau skeptisch zu.

Lieselotte schaute sich kurz um, entdeckte schließlich einen Stuhl und stellte ihn parallel zur Bettkante. Sie zog ihre Schuhe aus, streifte den Mantel ab und hängte ihn sorgsam über die Stuhllehne. Ihre Handtasche übergab sie dem verblüfften Verkäufer. Unerwartet geschickt kletterte sie auf die Sitzfläche, richtete sich auf, faltete die Hände vor ihrer Brust und atmete tief durch. In der Art, wie sie in sich ruhte, erinnerte sie an Buddha.

Nach einem Augenblick des Innehaltens streckte sie die Arme langsam nach oben, federte ein wenig auf den Zehen, schnellte mit einem lauten Schrei ihren Körper nach vorn und ließ ihr gesamtes Gewicht auf *Bummsy* plumpsen.

Das teuerste und beste Bett der Welt bäumte sich auf, federte nach oben, knallte zurück auf den Boden und rutschte dann ein Stück auf dem Teppich entlang. Ein deutliches Ächzen war zu hören, gefolgt von einem kurzen trockenen Ton, der das Splittern des Vogelaugenahornholzes begleitete. Fast in Zeitlupe neigte sich die rechte hintere Zedreleholzsäule und knickte um.

»Aha! Dachte ich mir! Schlechte Verarbeitung!«, war der enttäuschte Kommentar Ottfrieds, der seiner Frau aus dem Bett half.

Beim 1. Verkäufer von *Merkel & Daum* verlagerte sich die nervöse Bewegung des rechten Beines in die linke Gesichtshälfte. P. Welker zuckte unkontrolliert, begleitet von einem zischenden Ton, der an das vorsichtige Öffnen einer Sektflasche erinnerte. Verzweifelt nahm er die Weihnachtsmütze vom Kopf und knautschte sie zusammen. Daraufhin gab auch das rote Licht auf und erlosch. Erst nachdem Lieselotte in ihre Schuhe geschlüpft war, den Mantel angezogen und ihre Handtasche an sich genommen hatte, fand P. Welker seine Stimme wieder.

»Sie fette Kuh haben *Bummsy* auf dem Gewissen!«

Entrüstet erwiderte Ottfried: »Die Pölsterchen meiner Frau gehen Sie gar nichts an. Ich liebe jedes Gramm an ihr.«

Lieselotte strahlte über das ganze Gesicht, nahm die Hand ihres Mannes, drückte sie liebevoll und schaute den Verkäufer mitleidig an.

»Sie haben doch keine Ahnung. Sie Knochengeige! Das ist alles Kuschelmasse. Bei Ihnen hobelt man sich ja die Haut vom Körper. Sie dürften gar keine Betten verkaufen!«

Ohne P. Welker eines weiteren Blickes zu würdigen, drehte sich das Ehepaar Grüthner um und verließ glücklich das Traditionshaus *Merkel & Daum*.

»Ich denke, wenn ich die Schrauben nachziehe und ein wenig Kaltleim in die Fugen träufle, macht es unser gutes Biedermeierstück noch ein paar Jahre.«

»Natürlich mein Schatz!«, gab Lieselotte ihm recht und legte ihren Arm um ihn.

»Wie wäre es, wenn ich dich heute Abend verwöhne? Eisbein, Erbspüree und dazu dieses wunderbare Sauerkraut?«

»Eine wirklich verführerische Idee«, antwortete Ottfried begeistert.

Lieselotte kicherte, bevor sie nachdenklich sagte: »Der Rat dieses Seelenklempners stimmt wirklich. Wir sollten wieder öfter etwas gemeinsam machen.«

HENKERSMAHLZEIT

»Kannst du mir bitte erklären, warum du die Zeitung immer mit der letzten Seite beginnst und nicht von vorn, wie ein normaler Mensch?«

Rüdiger Kleinert las unbeirrt weiter und gab sich gar nicht erst Mühe, seine Frau anzuschauen. Nachdem er einmal tief durchgeatmet hatte – es war jenes Atmen, das vor den Zähnen stattfand und von dem er wusste, dass sie es nicht mochte – antwortete er genervt: »Willst du damit sagen, dass ich nicht normal bin?«

Ungeduldig kratzte Beatrice auf ihrem Teller herum, richtete die Rosmarinnadeln einzeln in Richtung Norden aus und sortierte den groben Pfeffer an einem gedachten Horizont im Süden. Ihr Mann schwieg.

Verärgert schüttelte sie den Kopf und schob im Anschluss zwei Dattelkerne so auf dem Teller zurecht, dass aus allem nun ein Gesicht entstand: ein Bürstenhaarschnitt aus Rosmarinnadeln mit untröstlich aussehenden Dattelkernaugen und einem hängenden Pfeffermund.

Ein trauriges Lächeln ihrerseits beendete das Mittagessen, für das sie den gesamten Vormittag in der Küche gestanden hatte. Es war so viel übrig geblieben, dass es noch für das Abendessen reichen würde. Beatrice stand auf, nahm ihren Teller und entsorgte das traurige Mandelaugengesicht im Müll.

»Weißt du eigentlich, was ich heute gekocht habe?«, fragte sie mit gereiztem Tonfall und spielte ein bisschen die Beleidigte. Rüdiger Kleinert faltete die Zeitung zusammen, warf sie auf den Nebenstuhl und lehnte sich zurück.

»Hirschgulasch! Hirschgulasch à la Verena! Warum fragst du?«

»Weißt du denn nicht, was für ein Tag heute ist?«

Er überlegte. Ihr Hochzeitstag war es nicht, da war er sich sicher. Auf eine Verlobung hatten sie damals verzichtet. Der Kalender verzeichnete auch keinen Geburtstag. Todestag der Schwiegermutter? Der war irgendwann im Frühjahr. An den Valentins-, Mutter- oder Frauentag würde er erst wieder im nächsten Jahr denken müssen. So sehr er sich auch bemühte, Rüdiger Kleinert fiel kein Ereignis ein, das ein Jubiläum gerechtfertigt hätte.

»Heute vor dreißig Jahren haben wir das erste Mal … Dachte ich mir, dass du dich nicht daran erinnerst!«

Ungläubig und mit einem plötzlichen Knoten im Bauch starrte Rüdiger Kleinert seine Frau an. Wie immer weibliche Gehirne, speziell das von Beatrice, funktionieren mochten, es würde ihm ein Rätsel bleiben. Wenn es etwas gab, dessen er sich nicht zu erinnern gedachte, dann war es dieses eine Wochenende in einem kleinen Ferienhaus. Der Grund, warum er nicht daran denken wollte, war ein schrecklicher Streit mit seinem besten Freund Mario gewesen. Es war um Beatrice gegangen. Sie hatten sich beide in das gleiche Mädchen verliebt. Marios Versprechen, fair um ihr Herz zu kämpfen, war eine Farce gewesen. Der Freund konnte spitzfindig mit Worten umgehen und verstand es immer wieder, sich auf Rüdigers Kosten Vorteile zu verschaffen. Auch Beatrice hatte über ihn gelacht. Damals meinte er, sich auf der Verliererstraße zu befinden. An jenem Abend, nach zwei Flaschen Wein und endlosen Sticheleien, war ihm der Geduldsfaden gerissen. Er ließ seine Fäuste antworten. Argumente, denen sein allzeit von irgendwelchen Allergien geplagter und sensibler Freund nichts entgegenzusetzen hatte. Gedemütigt, mit einem blauen Auge, einer blutenden Nase und endlich schweigend hatte Mario seine Sachen gepackt und war verschwunden. Seitdem hatte Rüdiger nie wieder etwas von ihm gehört.

An dem Abend gab es zum ersten Mal Hirschgulasch à la Verena. Ein wenig war er sich selbst wie ein Hirsch vorgekommen, der in der Brunstzeit seine Konkurrenten besiegt und in die Flucht geschlagen hatte. Auf den Tag genau war das jetzt dreißig Jahre her.

Beatrice war eine vielseitige Köchin. Gerne probierte sie neue Gerichte aus. Nach Marios Verschwinden musste sie auch keine Rücksicht mehr auf dessen Nahrungsmittelallergien nehmen und konnte ganz nach ihren Vorstellungen schalten und walten. Mario hatte sich immer nahe eines anaphylaktischen Schocks befunden. Ständig sprach er darüber und tat sich schwer, etwas zu sich zu nehmen, das er nicht selbst gekocht hatte. Jeder Joghurt wurde auf seine Bestandteile hin geprüft, und um Obstsalat machte er grundsätzlich einen großen Bogen, da er besonders auf Datteln empfindlich reagierte und nie ausschließen konnte, sie darin zu finden.

Über die Prügelei wurde nie wieder gesprochen. Neun Monate später heirateten Rüdiger und Beatrice. Noch in den Flitterwochen wurde ihre Tochter geboren.

»Drei Jahrzehnte ist das her?«, fragte er mehr sich selbst als seine Frau, die den Rest des Geschirrs abspülte, um es dann in den Geschirrspüler zu stellen.

Am Abend bekamen sie überraschenden Besuch. Immer, wenn ihre Tochter auf *Tour* ging, wie sie jene Stunden umschrieb, in denen sie sich vergnügte und ihrem Körper etwas Gutes tun wollte, brachte sie den Kleinen vorbei. Die Nacht über blieb Nikolas dann bei ihnen. Rüdiger störte diese Art Freizügigkeit seiner Tochter. Natürlich liebte er sie über alles, aber er wünschte sich klare Familienstrukturen. Daran hatte sie jedoch kein Interesse.

»Spaß mit Männern? Ja! Ansonsten? Zu viele Einschränkungen! Männer sind von ihrer Veranlagung her schon eine Belastung. Abgesehen von dir natürlich«, relativierte seine

Tochter ihre Aussage, küsste ihn auf die Wange und ergänzte: »Aber du bist ja schon verheiratet.«

Sie nahm ihn einfach nicht ernst. Vater-Tochter-Gespräche brachten keine Ergebnisse, und seine Bemerkung: »Von mir hast du das nicht!« parierte sie amüsiert mit den Worten: »Dann muss ich diesen Gendefekt wohl von meiner Mutter haben.«

Nikolas war vor wenigen Tagen acht Jahre alt geworden. Er verbrachte das Wochenende oft bei seinen Großeltern. Zurzeit spielte er mit Opa Rüdiger gern *Abenteurer und Entdecker*. An diesem Abend galt es, dem bösen Geist Mariozuma zu entkommen, der angeblich Appetit auf Menschenfleisch hatte und besonders gern Achtjährige verspeiste. Er verfolgte beide durchs ganze Haus.

Warum Rüdiger gerade heute der Namen seines damaligen Freundes eingefallen war, musste mit dem Mittagessen und der Erinnerung an jene Zeit vor dreißig Jahren zusammenhängen.

Atemlos kletterte Nikolas die schmale Treppe vom Dachboden herunter.

»Pass auf! Hinter den Stickerschuhsümpfen, gleich neben den Regenschirmkakteen lauern Mariozumas Knechte. Wenn sie dich berühren, verwandelst du dich in Fruchtgummi. Dann bist du fällig!«

Kreischend rannte der Kleine den Flur entlang.

»Wird ja auch Zeit, dass ihr kommt«, bemerkte Beatrice und lächelte amüsiert. Ihr fiel es schwerer, so unbekümmert auf das Kind einzugehen. Liebevoll streichelte sie Nikolas über den Kopf und lächelte ihren Mann an. Beide setzten sich an den Tisch.

»Heute gibt es etwas ganz Besonderes für unseren kleinen Helden!«

»Ich bin doch schon groß«, empörte sich ihr Enkel und stocherte mit der Gabel im Essen herum. Es war ihm anzusehen, dass ihm nicht gefiel, was er essen sollte.

»Das ist Hirschgulasch à la Verena!«, erklärte Opa Rüdiger mit wichtiger Stimme. »Das bekommen nur die Mutigsten und die Sieger. Mit Kirsch-Dattel-Mus. Das gibt richtig Tinte auf den Füller.«

Nikolaus schaute ihn erstaunt an und nickte dabei. Dann aß er todesmutig die letzte Portion, die noch vom Mittagessen übrig war.

Die Reaktion setzte schnell ein. Zuerst wurde Nikolas blass und begann dann, sich am Haaransatz zu kratzen. Seine Hände schwollen an. Das Atmen fiel ihm plötzlich schwer, und in seinen Augen begann sich die Angst breitzumachen. Rüdiger und Beatrice legten ihn auf das Sofa, weil ihm schwindlig wurde.

Der Krankenwagen traf nur wenige Minuten später ein. Ein Notarzt erkannte den anaphylaktischen Schock und spritzte Adrenalin zur Stabilisierung.

Genauere Untersuchungen wiesen schließlich nach, dass Nikolas auf Datteln äußerst allergisch reagierte.

Aber schon bevor die Laborergebnisse vorlagen, gab es für Rüdiger Kleinert keinen Zweifel mehr, dass Mario vor dreißig Jahren in seinem Revier gewildert haben musste. Zwar hatte sich Beatrice für ihn entschieden, wohl aber auch den Verlierer belohnt. Ob es in jenen Tagen Mitleid gewesen war oder sich seine Frau nur von Mario zärtlich verabschieden wollte, spielte keine Rolle mehr. Bitter begriff Rüdiger, dass er weder eine Tochter noch einen Enkel hatte. Die Dattel-Allergie musste eine Generation übersprungen haben.

Beatrice versuchte nicht einmal, sich herauszureden, als sich die Hände ihres Mannes um ihren Hals legten.

IM FUNDBÜRO

Die Gattung Schwiegermutter ist in der Natur einmalig. Ernst zu nehmende Genforscher versuchen seit Jahren, ein drittes, mutiertes X-Chromosom nachzuweisen, allerdings ohne Erfolg. Bei keiner anderen bekannten Lebensform gibt es annähernd vergleichbare komplexe Verhaltensmuster, Verteidigungsstrategien und Balzrituale, wie zwischen flüggem Nachwuchs einerseits und defensivem Gluckentum andererseits.

Gleichermaßen betroffen sind sowohl männliche als auch weibliche Schösslinge.

Überforderung und Missverständnisse führen immer wieder dazu, dass junge Paare ihre ursprünglichen Entscheidungen hinterfragen. Daher mag es nicht allzu sehr verwundern, dass Schwiegermütter immer wieder spurlos verschwinden. Wie schwer es ist, sich dieser Herausforderung zu stellen, versucht der folgende Bericht offen und wertungsfrei zu vermitteln.

Benjamin Krummel war auf Initiative seiner Schwiegermutter Liesbeth Zenker, geborene Streit, mit ihr und einem Innenarchitekten im Baumarkt verabredet. Ihr Vorhaben war es, Tapeten für ein künftiges Kinderzimmer auszuwählen, wider jeglichen Kinderwunsch der frisch Getrauten. Allerdings kam es nicht dazu.

Irgendwo zwischen Siebzehner-Sechskantschrauben, Schwerlastdübeln und einem Sonderangebot von Kabelbindern verschwand die Schwiegermutter plötzlich spurlos. Trotz sofortiger, intensiver Suche sowohl durch das Personal als auch durch Herrn Krummel selbst, blieb sie verschwunden. Seine letzte Hoffnung war das städtische Fundbüro.

KRUMMEL: Entschuldigen Sie, wurde bei Ihnen eine Schwiegermutter abgegeben?

VERWALTER: Autoraststätte, aus dem Seniorenstift entlaufen oder widerrechtlich vor einer Kneipe angebunden?

KRUMMEL: Wie meinen Sie?

VERWALTER: Sie glauben nicht, wie viele von denen einfach so ausgesetzt werden.

KRUMMEL: Wir waren im Baumarkt und wollten Tapeten kaufen. Sie muss falsch abgebogen sein.

VERWALTER: Haben Sie ein Foto von ihr?

KRUMMEL: Von meiner Schwiegermutter?

VERWALTER: Ich benötige eine Beschreibung.

KRUMMEL: Kopf größer als ein Dackel, Haare wildschweinfarben, grunzt tagsüber und schnarcht nachts. Futtert sich diagonal durch den Kühlschrank und reagiert eifersüchtig, sobald ich mich auch nur in die Nähe meiner Gattin setze.

VERWALTER: Ah ja! Das Übliche! Irgendeine besondere Eigenart?

KRUMMEL:	Rasiert sich nie die Zähne.
VERWALTER:	Tut mir leid. Haben wir nicht reinbekommen.
KRUMMEL:	Ich kann unmöglich ohne Lisbeth nach Hause gehen. Verstehen Sie, meine Frau hängt so an ihr.
VERWALTER:	Verstehe! Unter uns, wir haben noch ein paar auf Lager. Hat keiner vermisst. Sollen nächste Woche versteigert werden. Nehmen Sie doch eine davon.
KRUMMEL:	Meinen Sie wirklich?
VERWALTER:	Haben Sie Übung im Umgang mit Schwiegermüttern? Die meisten brauchen eine konsequente, strenge, aber eben auch liebevolle Hand.
KRUMMEL:	Ich habe einen Kurs besucht: *Natürlicher, angemessener und gesunder Umgang mit Fremdwesen – Migration als Chance.*
VERWALTER:	Sehr schön! Endlich mal einer, der sich auskennt.

Daraufhin holte der Verwalter des Fundbüros mehrere Schwiegermütter und stellte sie in einer Reihe auf. Es dauerte eine Weile, bis alle sich beruhigt hatten.

KRUMMEL:	Irgendwie sehen die alle gleich aus.
VERWALTER:	Was soll sie denn können?
KRUMMEL:	Sie sollte schon zur Familie passen. Freundlich, nicht ängstlich, auf keinen Fall aggressiv. Wachsam wäre schön.
VERWALTER:	Die eine oder andere ist ein wenig schwierig. Die sind fast alle schon ein paar Monate hier.
KRUMMEL:	Ich finde, man sollte sich keine Schwiegermutter zulegen, wenn man das nicht wirklich will.

VERWALTER:	In anderen Ländern ist das noch viel schlimmer. Entweder sie werden gemästet und verhätschelt, oder sie werden einfach verjagt.
KRUMMEL:	Schrecklich, oder? Das haben sie ja nun wirklich nicht verdient.
VERWALTER:	Die meisten Familien sind völlig überfordert mit der Situation.
KRUMMEL:	Ich finde, eine Schwiegermutter muss eine Schwiegermutter bleiben.
VERWALTER:	Richtig! Hat sie eigentlich ihren eigenen Platz, oder schläft sie bei Ihnen im Bett?
KRUMMEL:	Bei mir im Bett? Muss das wirklich sein?
VERWALTER:	Sie müssen sie langsam an sich gewöhnen. Es ist eine völlig neue Umgebung für sie.
KRUMMEL:	Und wenn sie sich bei uns nicht wohlfühlt?
VERWALTER:	Wenn Sie wollen, können wir gern eine Probezeit vereinbaren.
KRUMMEL:	Eine wirklich gute Idee. Ich nehme die Zweite von links, die erinnert mich ein wenig an meine Lieblingslehrerin.
VERWALTER:	Eine gute Wahl! Soll ich sie Ihnen einpacken?
KRUMMEL:	Nicht nötig. Das geht schon so.

Benjamin Krummel füllte ordnungsgemäß alle Formulare aus, nahm stolz seine neue Schwiegermutter und begab sich auf den Heimweg. Was er nicht ahnen konnte war, dass Liesbeth Zenker inzwischen nach Hause gefunden hatte. Ihr plötzliches Verschwinden war einfach der Tatsache geschuldet, dass aus einem Kinderwagen am Seiteneingang des Baumarktes erbarmungslose und unartikulierte Töne gedrungen waren. Die anschließende Grundsatzdiskussion mit dem Vater des Kindes, der lediglich zwei Dichtungsringe für die Waschmaschine hatte holen wollen, war eskaliert und musste von der Polizei aufgelöst werden.

Dennoch gelang es Benjamin Krummel, seine Schwiegermutter zum ersten Mal wirklich glücklich zu machen. Gemeinsam mit ihrer neuen Artgenossin teilte sie sich das eheliche Schlafzimmer, lästerte stundenlang über jeden und bereitete den Tag vor, an dem ihr Enkelwunsch endlich Realität werden würde.

KAMPFGANS LUISE

Regina und Hans-Joachim Marquardt freuten sich auf die freien Tage. Wie in jedem Jahr würden sie ausgiebig speisen, beträchtlich zunehmen und noch vor dem Jahreswechsel wegen der Überschreitung ihrer kritischen Eigenmasse ungläubig jammern und Besserung geloben. Allerdings verblassten die gut gemeinten Vorsätze spätestens Ende Januar. Wie immer arrangierten sie sich mit den hinzugekommenen Kilos und verschoben die Reduzierung des Leibesumfangs in die Sommermonate. So oder so ähnlich wiederholte es sich jedes Jahr.

Regina hatte von ihrer besten Freundin erfahren, dass diese ihre Weihnachtsgans direkt vom Biobauernhof bezog. Die Freundin schwärmte von dem saftigen, nicht zu fetten und dennoch zarten Fleisch, das nur Gänse aufwiesen, die auf ein glückliches Leben zurückblicken konnten. Außerdem sorgte der Bauer dafür, dass seine Tiere vor der Schlachtung keine Stresshormone produzierten. Am letzten Tag ihres Lebens servierte er seinen Gänsen mit Alkohol getränktes Futter und wartete, bis sie in einen komaähnlichen Schlaf gefallen waren. Diese Methode garantierte, dass die vier, sechs oder gar acht Kilogramm schweren Vögel beim Kopfverlieren nichts spürten. Brandy ist ideal für Gänsefleisch und gibt den Keulen und der Brust eine besonders pikante Note.

Vier Wochen vor Weihnachten fuhren die Marquardts zu dem empfohlenen Bauernhof. Er lag idyllisch abseits eines kleinen Dorfes, in eine Wolke ländlichen Dufts und das Geschnatter der Gänse eingehüllt.

Bauer Fritz Paulsen hatte sein Leben lang Viehzeug gezüchtet, sich allerdings erst in den letzten Jahren der Biowirtschaft zugewandt – weniger aus ökonomischen, als vielmehr aus Gewissensgründen.

Fritz Paulsen liebte seine Arbeit. Zu seinen fünfzig Gänsen hatte er eine persönliche Beziehung entwickelt. Alle seine Tiere trugen einen königlichen, kaiserlichen oder anderweitig herrschaftlichen Namen. Jeden Morgen begrüßte er die Damen höflich und ehrfurchtsvoll. Mit ernster Miene wünschte er ihnen einen *Schönen Tag*. Dann öffnete er, einem Hotelpagen nicht unähnlich, das schwere Stalltor.

Beatrice, Katharina die Große, Silvia, Sophia, Sissi und die anderen stolzierten hochmütig an ihm vorbei auf die Weide. Selbstredend würdigten sie ihn keines Blickes. Nur *Madame de Pompadour* schien ihn wahrzunehmen. Mit gelangweilter Miene wartete sie darauf, dass er vor ihr den Stall verließ. Dann marschierte sie mit kleinen Schritten, den Kopf huldvoll nach vorn geneigt, hinaus zu den anderen königlichen Geblüts. Bauer Paulsen empfand jeden Tag große Freude beim Betrachten der strammen Gänse. Einzig *Maria Stuart* bereitete ihm Sorgen, weil sie sich nicht mit *Elisabeth* vertrug. Oft verweigerte sie das Futter. Bei jeder Gelegenheit duckte sie sich, als gelte es, einer Enthauptung vorzubeugen.

Als an diesem Morgen das kleine Glöckchen läutete, das ein Öffnen des Gatters anzeigte, zog auch Fritz Paulsen unwillkürlich den Kopf ein. Ruckartig drehte er sich um, schloss das linke Auge und fixierte die Eindringlinge. Mit ausgebreiteten Armen trieb er sie dann von der Weide, schloss das Tor und fällte sein Urteil: Städter, übergewichtig, unpassend gekleidet und aufgeregt, als sei das ihr erstes Rendezvous.

»Meine Freundin ist so begeistert von Ihren Tieren«, schmeichelte Regina, in der Hoffnung, der Bauer lasse sich so im Preis drücken.

Paulsen reagierte nicht. Stattdessen wickelte er einen Grashalm um einen Finger und beobachtete die schnatternden Blaublüter, wie sie in morgendlicher Unbekümmertheit über die Wiese watschelten.

Schließlich fand er es doch angebracht, sich seinen Kunden zuzuwenden.

»Haben Sie schon Vorstellungen?«

»Wir dachten so an eine Vier- bis Fünf-Kilo-Gans«, antworte Hans-Joachim Marquardt, und seine Frau bestätigte die Angaben mit einem deutlichen Nicken.

Bauer Paulsen kaute kraftvoll auf dem Halm herum, schnipste ihn dann angewidert weg und atmete schwer durch. Leise, damit die Tiere nichts hörten, begann er zu sprechen. Dabei zeigte er verstohlen auf ein Exemplar in ihrer Nähe.

»*Isabella*. Eine spanische Empordagans. Fünf Kilo. Das Geschlecht lässt sich bis 1880 zurückverfolgen. Eine elegante, mittelschwere Dame mit doppelter Bauchwamme. Sehr zu empfehlen.«

Dann deutete er unauffällig auf ein anderes Tier, das enttäuscht auf den Boden starrte, wohl in der Hoffnung, ein Wurm erbarme sich aus Ehrfurcht vor ihrer Majestät und käme von allein hervor.

»Vielleicht freunden Sie sich auch mit *Diana* an. Eine prächtige Lockengans. Ausgezeichnetes Fleisch. Kleiner Rumpf, volle runde Brust. Ein echtes Liebhaberstück.«

»Wir können unmöglich *Diana* zu Weihnachten essen«, flüsterte Regina, wobei sie den Namen *Diana* respektvoll dehnte. »Stell dir mal vor, du knabberst an ihrer Keule, und im Hintergrund singt Elton John *Candle In The Wind*.«

Zwar teilte Hans-Joachim diese Art von Bedenken nicht, hielt es aber doch für angebracht, seiner Frau zuzustimmen.

»Haben Sie nicht auch deutsche Tiere im Angebot?«, fragte er. »Ich würde gern einheimische Zuchtlinien fördern.«

Wieder nickte Regina und ergänzte: »Wir unterstützen regionale Unternehmen. Für uns ist das sehr wichtig. Mein Mann trägt sogar nur deutsche Schlüpfer. *Fair Trade* kennen die doch in China gar nicht.«

Bauer Paulsen kratzte sich verlegen am Kopf und schaute ratlos über seinen Hof.

»Dann bleibt nur noch *Luise die Dritte*. Eine deutsche Kampfgans. Steinbacher Linie. Sehr robust mit aufrechter Haltung. 4,7 – bis Weihnachten vielleicht 4,9 Kilogramm.«

Die Entscheidung fiel den Marquardts leicht. Luise würde auf Apfelrotkohl mit Thüringer Klößen, braungebrannt und mit einer Malzbiermarinade eingestrichen, Weihnachten zu einem besonderen Gaumenschmaus machen. Aber bis dahin durfte sie noch glücklich über den Hof schreiten.

Am Weihnachtsmorgen war es dann soweit. Das Ehepaar Marquardt erschien pünktlich um sechs Uhr auf dem Bauernhof, um Luise zu abzuholen.

In einem abgelegenen Raum des Stalls sorgten ein paar Kerzen für weihnachtliche Stimmung. Glenn Goulds Goldberg-Variationen waren zu hören.

Bauer Paulsen und Luise saßen schweigend auf einem alten Sofa. Die Steinbacher Kampfgans erfreute sich an einer Schale mit Weizen- und Gerstenkörnern, gemischt mit klein geschnittenen gedünsteten Karotten. Von dem Brandy merkte Luise anscheinend nichts. Mit verklärtem Blick betrachtete sie die Marquardts und schien sie mit einem Lächeln zu begrüßen. Nichts deutete darauf hin, dass sie ahnte, was mit ihr geschehen sollte.

Nachdem die Henkersmahlzeit restlos verzehrt worden war, legte sich Luise hin. Fritz Paulsen streichelte noch eine Weile ihr Gefieder, bis er sich sicher war, dass der Brandy seine Wirkung voll entfaltet hatte. Vorsichtig stand er auf und legte Luise auf einen festen Holzblock. Nur ein zufriedenes Schniefen war zu hören. Liebevoll streichelte er noch einmal ihren langen Hals. *Luise die Dritte* war im siebten Gänsehimmel.

»Die Axt steht neben dem Klotz. Ich habe sie vorhin noch einmal geschärft«, bemerkte Bauer Paulsen und trat einen Schritt zu Seite.

Es dauerte einen Moment, bis überhaupt jemand reagierte.

»Sie wollen, dass *wir* die Gans …?«

Regina starrte Paulsen fassungslos an, der aber nur gleichgültig mit den Schultern zuckte.

»Sie haben bezahlt. Ich schlachte schon lange nicht mehr. Es ist Ihre Gans. Machen Sie damit, was Sie wollen.«

Dann steckte er gleichgültig die Hände in die Taschen und verließ ohne ein weiteres Wort den Stall.

Die Marquardts schauten sich ratlos an. Luise lag auf dem Klotz, rekelte sich ein bisschen und machte merkwürdige Geräusche. Offensichtlich träumte sie. Ab und zu zuckte das rechte Bein.

»Ich kann das nicht!«, echauffierte sich Regina. »Du musst das machen. Du bist der Mann.«

»Ich?«

Regina nickte aufgeregt, zeigte auf das Tier, dann auf ihren Hals und machte eine tödliche Andeutung.

Hans-Joachim griff langsam nach der bereitgestellten Axt. Misstrauisch befühlte er die Schneide. Sie war wirklich scharf. Vorsichtig, jede hektische Bewegung vermeidend, hob er das Werkzeug mit beiden Händen. Mit festem Griff umschloss er den Stiel und hielt die Luft an, wie ein Schütze, der sein Ziel genau ins Visier nimmt.

»Ich kann das nicht sehen!«, sagte Regina, die plötzlich blass geworden war und mit feuchten Augen ihren Mann anschaute.

»Schatz! Das ist unser Weihnachtsessen«, flüsterte er aus Angst, die deutsche Kampfgans könnte erwachen und würde angesichts der schwebenden Mordwaffe einen irreparablen Schaden erleiden. Nicht auszudenken, wie ein Zuviel an Adrenalin auf das Fleisch wirken musste.

»Wir haben uns doch beide darauf gefreut. Du wolltest doch eine Biogans in diesem Jahr.«

»Selbstverständlich. Aber sie ist doch noch so jung«, wisperte Regina verzweifelt.

»Du willst doch wohl nicht wieder so ein zähes Luder auf den Tisch bringen wie im letzten Jahr?«

»Wie bitte? Dafür konnte ich doch nun wirklich nichts«, protestierte sie eingeschnappt und verschränkte die Arme vor der Brust. »Sie war siebeneinhalb Stunden in der Backröhre. Was weiß ich denn, was sie hatte.«

Als hätte Luise etwas von dem Gespräch verstanden, hob sie unvermittelt den Kopf und betrachtete mit ihren kleinen schwarzen Augen Hans-Joachim, der schnell die Axt hinter seinem Rücken verschwinden ließ. Obwohl Luise vollständig betrunken und es eher unwahrscheinlich war, dass sie begriff, was mit ihr geschehen sollte, streckte sie ihren Hals und fügte sich gleichgültig ihrem Schicksal.

Auf der Heimfahrt lag die Gans, eingewickelt in eine flauschige Decke, auf der Rückbank des Autos. Der Alkoholpegel hatte seinen Höhepunkt erreicht. Luise schnatterte im Traum wirres Zeug, und offensichtlich vertrug sie das Autofahren nicht. Bei jedem Schlagloch begann sie, gefährlich zu würgen. Hans-Joachim fuhr daher besonders langsam und vorsichtig. Die Vorstellung, eine deutsche Kampfgans würde auf die Sitzpolster seines Wagens erbrechen, ließ ihn blass werden.

Zuhause angekommen, platzierten die Marquarts Luise direkt neben dem Weihnachtsbaum und überließen sie ihrem Rausch. Ab und zu schauten sie nach ihr, ohne eine wirkliche Verbesserung erkennen zu können.

Es dauerte Stunden, bis die Gans einen halbwegs ausgenüchterten Eindruck machte und bei dem Versuch aufzustehen nicht ständig wieder umfiel. Obwohl sie nie in einem Wohnzimmer gewesen war, schien sie davon unbeeindruckt zu sein. Sie ruhte in sich selbst und schien über ihr Dasein im Allgemeinen wie auch im Besonderen zu meditieren. Ob das an den Nachwirkungen des Brandys lag, ließ sich nicht mit Sicherheit sagen. Trüben Blickes schaute sie in die glänzenden Weihnachtskugeln und litt an Entzugserscheinungen.

»Soll ich ihr vielleicht einen sauren Hering geben? Bei mir hilft das auch immer«, meinte Hans-Joachim.

»Du mit deinem Hering. Ihr geht's schon schlecht genug. Ich möchte nicht wissen, was sie für Leberwerte hat.«

Auch wenn beide es nicht aussprachen, die Frage, was man mit der Gans machen solle, blieb vorerst ungeklärt. An Weihnachten hatte kein Tierheim geöffnet, und sie einfach auszusetzen kam nicht infrage. Bauer Paulsen hatte es abgelehnt, sie zurückzunehmen, nicht einmal geschenkt. *Luise die Dritte* würde ihm sein Verhalten niemals verzeihen und lediglich Unruhe unter den anderen Damen verbreiten, hatte er ihnen erklärt.

Vorerst schlief das Tier, und es war auch nicht abzusehen, ob es die Alkoholvergiftung überhaupt überstehen würde. Schließlich waren sich die Marquardts einig, Luise sollte erst einmal ihren Rausch ausschlafen.

Am Abend besuchten beide wie in jedem Jahr die Kirche, lauschten der Weihnachtsgeschichte und erwiderten die guten Wünsche ihrer Freunde.

»Bei uns gibt es in diesem Jahr Gans«, antworteten sie kleinlaut auf entsprechende Nachfragen. »Eine Biogans. Nicht billig, aber sehr delikat.«

Tatsächlich gab es zum Abendbrot Matjessalat mit Folienkartoffeln.

Luise ging es inzwischen wieder gut. Gott sei Dank besaß sie eine ausreichend robuste Leber. Ein paar Stunden Schlaf hatten sie vollständig genesen lassen. Neugierig stolzierte sie durch die Wohnung und schien zufrieden zu sein. Ab und an schnatterte sie wohlwollend, und nachdem sie alles begutachtet hatte, setzte sie sich wieder auf ihren Platz neben dem Weihnachtsbaum.

Es war schon spät, als es an der Tür klingelte. Erstaunt schaute sich das Ehepaar Marquardt an. Sie erwarteten keine Gäste. Weihnachten bekamen sie niemals Besuch. Neugierig öffnete Hans-Joachim die Tür.

Der Weihnachtsmann stand in einem roten Mantel mit künstlichem Rauschebart und einem mickrigen Tannenzweig in der Rechten im Hausflur. Mit albern verstellter Stimme rief er: »Hoh, hoh, hoh! Von Weitem komme ich her. Darf ich eintreten?«

Natürlich durfte er. Den Weihnachtsmann fragt man nicht nach dem Personalausweis.

Hans-Joachim stellte sich aufgeregt neben seine Frau. Beide lächelten.

»Schatz! Das ist eine so schöne Idee«, flüsterte Regina und kuschelte sich aufgeregt an ihren Mann. »Ich kann doch gar kein Weihnachtsgedicht.«

»Das ist nicht meine Idee«, antworte Hans-Joachim verwundert und schaute den Weihnachtsmann nun skeptisch an.

»Hoh, hoh! Überraschung! Heute *bringe* ich nichts. Heute *hole* ich mir etwas. Und zwar Bares, Schmuck und andere wertvolle Dinge, wenn ich bitten darf.«

Und während er dies sagte, griff er in den Sack und zog eine Waffe heraus. Ob sie echt oder nur eine Attrappe war, konnte das Ehepaar nicht erkennen.

Lässig hielt der Kerl die Pistole in der Hand und zielte abwechselnd auf Regina und Hans-Joachim. In derartigen Situationen interessieren sich die Wenigsten dafür, ob es sich tatsächlich um ein echtes Modell handelte. Außerdem war Santa Claus größer und durchtrainierter als Hans-Joachim. Auch erweckte er nicht den Eindruck, dass er einen Scherz machte. Erschrocken wichen die Marquardts ein Stück zurück.

»Schöne Bescherung, oder? Dann seid mal schön artig. Her mit den Klunkern und dem Geld!«

Hans-Joachim öffnete ein Schubfach, um die Ersparnisse herauszunehmen, während Regina hastig ihre Halskette abnahm. Ängstlich ging sie einen Schritt auf den Weihnachtsmann zu und streckte den Arm aus. In einem war sie sich sicher: Ein Gedicht würde er nicht von ihr hören wollen.

In selben Moment, in dem sie das Erbstück ihrer Großmutter in den Sack fallen lassen wollte, geschah etwas völlig Unerwartetes: *Luise die Dritte* sprang hoch und attackierte den Räuber mit lautem Zischen, sodass der fast das Gleichgewicht verlor. Die Gans schlug mit ihren Flügeln wild auf ihn ein. Sie flatterte vor seinem Kopf herum. Bei dem Versuch, die Hände zum Schutz vor das Gesicht zu halten, öffnete sich der Weihnachtsmantel. Ein verhängnisvoller Fehler. Luise ließ sich auf den Boden fallen. Ein kräftiger Schnabelbiss in die Weichteile und ein Beuteln, wie man es bei verspielten Hunden zuweilen sehen kann, ließ hörbar kleine Weihnachtsengel aufsteigen.

Der Weihnachtsmann trat die Flucht an, verfolgt von Luise, die laut zeternd keinen Zweifel aufkommen ließ, dass es besser sei, sich nicht mit einer deutschen Kampfgans anzulegen.

Glücklich und stolz streichelten die Marquardts an diesem Abend noch lange ihr neues Familienmitglied.

Luise würde nie eine Bratröhre von innen sehen oder in ein Tierheim kommen. Darüber waren sich beide einig.

Es war ein sehr harmonisches Fest. Zum ersten Mal seit Jahrzehnten nahmen die Marquardts über die Weihnachtsfeiertage sogar ein paar Kilo ab.

WENN DER WEIHNACHTSMANN DEN KOPF VERLIERT

Professor Dr. Söder und seine Frau liebten Weihnachten. Darin waren sich beide einig. Das Paar gehörte zwar nicht zu jenen, die das Fest mit dem Aufhübschen der Fenster durch leuchtende Schwibbögen, Lichterketten oder Weihnachtssymbole begrüßten. Dennoch freuten sie sich jedes Mal auf die freien Tage, die friedliche Stimmung und die Zeit, die jeder für sein Hobby aufwenden durfte.

Dr. Söder verfügte über die wahrscheinlich umfangreichste historische Schokoladenweihnachtsmannsammlung im europäischen Raum. Regelmäßig am Heiligen Abend hingen Schaukästen in der gesamten Wohnung. Systematisch nach Jahreszahl und Ländern sortiert, schmunzelten oder schauten streng ganze Generationen weihnachtlich gekleideter Hohlkörper auf das besinnliche Geschehen.

Söders Frau konnte einem derartigen Hobby nichts abgewinnen. Sie erfreute sich stattdessen an der Zubereitung traditionell gekochter Weihnachtsgerichte. Seit vierzig Jahren hatte sich an diesem Ritual nichts geändert.

Wenn es nach dem Rechtsmediziner Dr. Söder gegangen wäre, hätte er den Karpfen in seiner Wanne in den nächstbesten See oder Tümpel freigelassen. Das war keine Frage der Tierliebe, sondern der Versuch, sich den Kochkünsten und Bevormundungen seiner angeblich besseren Hälfte zu entziehen.

Am Heiligen Abend gab es Karpfen, am ersten Feiertag Gans und am darauffolgenden Tag Hasenrücken oder Hirschkeule. Auch in diesem Jahr würde sich daran nichts ändern. Eine Diskussion war ausgeschlossen, und wenn er doch einmal das Thema ansprach, wies sie auf ihr schwaches Herz hin.

Nicht wieder Karpfen, flehte der Professor in den Tagen vor dem Fest, wissend, dass weder seine Frau noch eine göttliche Instanz Einsicht zeigen würde. Ginge es nach ihm, könnte es am Heiligen Abend Schweineschnitzel mit Pommes Frites oder eine klare Hühnersuppe mit Minifrikadellen sowie Weißbrot geben. Aber nach ihm ging es nicht. Seine Frau bestand auf dem traditionellen Weihnachtsessen.

Und so zog sie sich wie in jedem Jahr am späten Nachmittag in die Küche zurück und schaffte mit der Ermordung des Karpfens vollendete Tatsachen.

Dabei störte den alten Rechtsmediziner weniger der Fisch, den sie zugegebenermaßen wie keine Zweite zuzubereiten verstand. Ihn nervten die ständigen Belehrungen, wie dieser zu filetieren sei. Wenn jemand Ahnung hatte, wie man Körper seziert, dann doch wohl der Chef des Rechtsmedizinischen Institutes.

Um einen gleichmäßigen Schnitt anzusetzen und ein perfektes Y zu schneiden, bedurfte es einer ruhigen Hand. So wie man den Künstler am Pinselstrich erkennt, lässt sich auch die Arbeit mit dem Skalpell eindeutig dem jeweiligen Meister zuordnen. Ohne einmal zu zögern oder gar nachzuschneiden, trennte Professor Dr. Söder das Gewebe stets mit einer schwungvollen Bewegung. Die inneren Organe traten ans Licht und schienen darauf zu warten, herausgenommen, analysiert, streng beäugt und schließlich gewogen zu werden. Generationen von Studenten hatten ihn für sein chirurgisches Können bewundert.

Es wurde gesägt, geschnitten, gehebelt, gedreht, mitunter gerissen. Niemand erreichte auch nur annähernd die Meisterschaft des Professors.

Nur Frau Söder schien das anders zu sehen. An keinem Weihnachtsfest konnte sie es unterlassen, mit ihrem Besteck *seinen* Job zu übernehmen und kopfschüttelnd zu verkünden: »Fisch wird immer vom Ende zum Kopf ausgelöst. Ist das so schwer zu begreifen?«

Dann trennte sie mit dem Fischmesser die Haut ab, schob anschließend das dampfende Filet von den Gräten, packte die Schwanzflosse und hob langsam, mit leicht vibrierender Hand, das Grätenkonstrukt samt Kopf unversehrt hoch. Seiner Ansicht nach eine pietätlose Methode. Persönlich hielt er es für richtig, den Fisch vorsichtig umzudrehen, um sich dann dem anderen Filet zuzuwenden. Seinem Einwand, es wäre undenkbar, dass er oder einer seiner hochgeschätzten Kollegen eine Wirbelsäule mit Kopf aus dem Untersuchungsobjekt reißen würden, schenkte sie keinerlei Beachtung.

Aus diesem Grund schwor sich Professor Söder, sich nicht noch einmal vorführen zu lassen.

Sollte sie doch den Fisch massakrieren, wie sie es für richtig hielt.

Freiwillig hatte er in diesem Jahr am Heiligen Abend den Bereitschaftsdienst übernommen. Erfahrungsgemäß gab es immer Menschen, die zur friedlichsten Zeit des Jahres über die geringste Beherrschung verfügten und ihren Mitmenschen alles andere als Liebe angedeihen ließen. Tatsächlich klingelte das Telefon, noch bevor der Karpfen gar war. Ein Unglücklicher hatte sich gerichtet oder war erschossen worden. So ganz klar war das den Beamten nicht.

Professor Dr. Söder verabschiedete sich mit unverhohlener Freude von Frau und Fisch. Beleidigt fragte sie, ob die Leiche nicht bis nach dem Essen warten könne. Sein gespieltes Bedauern, das alberne Schulterzucken sowie das wenig überzeugende Kopfschütteln beseitigten jeden Zweifel.

»Das wirst du bereuen«, zischte sie wütend.

Vier Stunden später wusste Professor Dr. Söder, dass dies ihre letzten Worte gewesen waren. Schon als er die Wohnungstür öffnete, verspürte er ein ungutes Gefühl.

Als er die massakrierten Weihnachtsmänner verstreut auf dem Boden liegen sah, ahnte er Schlimmes. Seine Frau hatte sich in ihrer Wut auf seine historische Weihnachtsmannsammlung gestürzt und beträchtliche Mengen davon verspeist. In der ganzen Wohnung fanden sich gemeuchelte Schokoladenhohlkörper aus mehreren Jahrzehnten. Den meisten hatte sie den Kopf abgebissen. Der Rest der roten Garde war mit einem schweren, stumpfen Gegenstand erschlagen worden. Zum Teil waren ihre Körper Opfer kräftiger Hände oder gnadenloser Fußsohlen geworden. Entsetzt betrachtete der Professor seine gemeuchelte Sammlung. Niemand hatte überlebt. Weder Nikolaus, Knecht Ruprecht, der von Coca Cola eingekleidete Santa Claus noch das winterharte Väterchen Frost oder der deutsche Weihnachtsmann.

Söder starrte abwechselnd in die stumpfen kalten Augen seiner Frau und in die des Karpfens. Beide schauten ihn vorwurfsvoll an. Während die Tote wenig elegant auf dem Teppich lag, ruhte der Fisch in einer Semmel-Käse-Kruste, flankiert von zarten Möhrchen und gleichlangen grünen Bohnen, die in Speck gewickelt waren.

Schon immer hatte Söder befürchtet, dass seine Sammlung eines Tages verspeist werden würde. Allerdings rechnete er mit Würmern und Käfern. Um das zu verhindern, hatte er schon vor langer Zeit ein starkes, inzwischen schon längst verbotenes Insektizid mit einer feinen Nadel in die Hohlkörper injiziert. Ein äußerst wirkungsvoller Schutz. Nur für das schwache Herz seiner Frau bedeutete das Vernaschen der süßen Männer ihr Ende.

Ratlos schaute er sich um. Sein Blick fiel auf den liebevoll gedeckten Tisch. Alles war perfekt arrangiert. Schmunzelnd nahm Professor Dr. Söder sein Besteck in die Hand. Vorsichtig zeichnete er mit dem Messer ein imaginäres Y auf den Bauch des Karpfens.

Schade um die Weihnachtsmänner, ging es ihm durch den Kopf. Dann trennte er mit einer gekonnten Bewegung das Filet von den Gräten.

BITTERES FEST

Es gab nichts, was sie nicht über Weihnachtsbäume wusste. Manuela Bleibtreu konnte die Idealmaße einer Nordmanntanne herunterbeten, die neuesten Schmucktrends des jährlichen Besinnungswahnsinns beschreiben oder über die dunklen Seiten der Tannenzapfensamenmafia berichten. Sie war die Expertin auf dem Gebiet der *Hallelujapalme*.

Ihre beliebte kulinarische Serie *Backen, Schmoren, Dünsten und Adeln mit Pinaceae* hatte Manuela Bleibtreu auch über den kleinen Kreis der Tannenbaumfreunde hinaus bekannt gemacht. Das von ihr kommunizierte Wissen, mit aromatischen Kiefern- und Fichtennadeln Wildgerichte zu verzaubern, delikate Marmelade und Sirup zu kochen oder einen Tannenspitzenlikör anzusetzen, hatte es auf die Rezeptseiten der Frauenzeitschriften geschafft. Eine Flut von Leserinnenzuschriften brachte ab Mitte November das kleine Redaktionsbüro des Tannennadeljournals regelmäßig an den Rand der Arbeitsunfähigkeit. Männer hatten keine Fragen und enthielten sich jeglichen Kommentars.

Manuela Bleibtreu war es recht, denn Männer neigten grundsätzlich zu einer Vertechnisierung. Ihr Vortrag *Ökologische Aspekte bei der Aufzucht und Ernte von Douglasien* auf einer Messe renommierter Firmen, die professionelle Kettensägen anboten, endete in einer hitzigen Diskussion. Die ausschließlich männlichen Vertreter stritten um Antivibrationseigenschaften, Startgeschwindigkeiten, Mindestdrehzahlen und die optimale Länge des Schwertes bei Zwei-Takt-Motorsägen. Entnervt liebäugelte Manuela Bleibtreu in jenem Moment mit der Idee, der Horrorfilm *Das Kettensägenmassaker* möge hier und jetzt Realität werden.

Sicherlich war der blutrünstige Gedanke dem Geständnis ihres Mannes geschuldet, nach zwanzigjähriger Ehe einer jüngeren Frau verfallen zu sein. Nicht einmal Weihnachten hatte Hartmut noch mit ihr feiern wollen. Das sei eine Frage des Anstandes. Er könne nichts dagegen tun. Die Neue sei die Liebe seines Lebens. Das müsse Manuela doch verstehen.

Natürlich verstand sie es nicht. Dennoch hatte sie ihm in einem Augenblick der Schwäche und Verzweiflung eine aberwitzige Idee vorgeschlagen: Er könne das Weihnachtsfest zum Teil bei ihr und zum anderen Teil bei der Neuen verbringen, damit er sich über seine wirklichen Gefühle Klarheit verschaffen könne. Noch im selben Moment hatte sie sich innerlich mit einer Reihe potenzieller Weihnachtsbraten betitelt: *Dumme Gans! Dussliges Huhn! Blöde Pute!*

Seine Worte: »Ich kann unterm Weihnachtsbaum nur *eine* Frau glücklich machen«, hatte Manuela erst laut lachen und anschließend Rache schwören lassen.

Hartmut zu ermorden war zwar keine Strafe, die sie für angemessen hielt, aber solange ihr nichts Besseres einfiel, hatte dieser Gedanke etwas Befriedigendes.

Am Wochenende verwandelte sich ihre Küche in eine wohlduftende Marmeladerie. Hartmut liebte Manuelas selbst gemachte Lärchenspitzenmarmelade mit Waldfrüchten. Das erste Glas der Weihnachtsproduktion löffelte er jedes Mal wie ein kleiner gieriger Junge vollständig leer. Eine Unbeherrschtheit, über die sich Manuela stets amüsiert hatte. Diesmal allerdings würde sie eine der Marmeladen mit den giftigen Nadeln der Eibe ansetzen. Eibe enthält Taxin. Glaubte man der Fachliteratur, löst das Alkaloid zuerst Übelkeit und Durchfall aus. Schweißausbrüche, Herzrhythmusstörungen, Krämpfe und schließlich das Schwinden des Bewusstseins folgten. Danach dann Atemlähmung. Dass Eibe auch Blausäure enthält, hatte angeblich keinen direkten

Einfluss auf das Ableben. Dennoch war es gut zu wissen, dass es eine Reserve gab, falls sich Manuelas Mann als allzu widerspenstig erweisen sollte.

Allerdings hatte der Plan einen Haken. Eine gerichtsmedizinische Untersuchung würde sie wahrscheinlich eindeutig als Täterin überführen. In ihrer ersten Wut hatte sie das nicht bedacht. Bedauernd betrachtete Manuela das Glas und stellte es enttäuscht in die hinterste Reihe der Konserven. Es bedurfte einer besseren Idee. In acht Wochen war Heiliger Abend. Bis dahin galt es, einen perfiden Plan zu ersinnen, der gleichzeitig von jeglicher Schuld ablenken würde.

Am Abend setzte sich Manuela mit einem Glas Rotwein bewaffnet auf ihr Sofa, wickelte die Beine in eine Decke und notierte fein säuberlich alle relevanten Daten.

Annika Huckstädt hieß die Geliebte. Sie besaß eine kleine Boutique, die sich auf *Hand- und Fußwaren* spezialisiert hatte. Pulswärmer waren der absolute Bringer ihrer Kollektion, wie die Dreiundzwanzigjährige in einem Zeitungsinterview stolz berichtet hatte. Daneben gab es farbige Fünf-Fingerhandschuhe, Fünf-Zehenstrümpfe und fantasievolle Strickstulpen für Waden und Unterarme. Die Vorstellung, ihr Mann würde beim Sex geringelte Socken mit bunten Zehen tragen, ließ Manuela Bleibtreu fast verzweifeln. Tatsächlich litt Hartmut seit Jahren unter kalten Füßen.

Manuela trank einen Schluck Wein und konzentrierte sich wieder auf das Wesentliche. Es gab zwei Möglichkeiten.

Sie mimte die verständnisvolle Ehefrau, die das Beste für ihren Mann wollte und der Neuen alles Glück und denkbar Gute wünschte. Das avisierte Ziel war eindeutig: beste Freundinnen. Der methodische Ansatz glich ein wenig der Vorgehensweise von Schlupfwespen, die ihre Eier in den Körper einer Raupe injizierten, um sie dann von Innen auffressen zu lassen.

Die andere Variante bestand darin, die kämpfende, starke Frau herauszukehren, die gnadenlos Wahrheiten auf den Tisch brachte und nicht eine Haarspitze Gutes an dem untreuen Gatten ließ. Klare Ansagen an die Rivalin: sie war zu jung, lediglich eine Gespielin, jederzeit austauschbar. Er, ein alter Sack, mit kaltem Herzen, kalten Füßen und in absehbarer Zeit mit kaltem Geschmeide, für welches sie ja dann aus Mohairwolle Wärmer stricken konnte.

Manuela Bleibtreu entschied sich für die erste Variante. Die Gefahr, als beleidigte und eifersüchtige Ehefrau wahrgenommen zu werden, würde die Liaison nur festigen. Es bedurfte einer gewissen Finesse, um die Rache erfolgreich zu beenden.

Am nächsten Morgen schlich Manuela, hinter einem Tuch perfekt getarnt, vor das kleine Geschäft und wartete, bis Annika aufschloss. Durch das Schaufenster beobachtete sie jede Bewegung. Die Kleine sah fantastisch aus. Ein schlanker, wohlproportionierter, fester Körper, mit samtiger Haut und ohne Zonen, die mit der Erdanziehung Probleme hatten. Verständlich, dass ehemüde Gatten bei einem derartigen Anblick ihr Alter vergaßen. Der Vorteil der Jugend lag auf der Seite der Rivalin. Das dümmliche Klischee, ein Mann sei so alt, wie er sich fühle, eine Frau so alt, wie sie sich anfühle, ließ sich mit Argumenten nicht widerlegen. Daran, dass sich die Kleine sicher sehr gut anfühlte, ließ sich nichts ändern. An dem Zustand, dass Hartmut sich jung fühlte, aber schon.

Männer, die sich von ihren Frauen wegen einer Jüngeren trennen, sind in ihrem Wahrnehmungsvermögen massiv eingeschränkt. Schuldempfinden einerseits und die unbändige Lust anderseits scheint Milliarden von Synapsen auszuschalten. Tatsächlich glauben sie, dass ihre betrogenen Frauen ihnen verzeihen. Noch absurder ist, dass sie Verständnis für ihre Situation erwarten. Einem Ritual folgend mündet das regelmäßig in dem Vorschlag: *Wir können doch Freunde bleiben!*

Genau so verhielt sich auch Hartmut. Als er großzügig sein Freunde-bleiben-Angebot vortrug, war Manuela längst mental gefestigt, besser gesagt gehärtet. Egal, ob er um Verzeihung bitten, auf Knien um Entschuldigung flehen oder gar mit seinen ausgerauften Haaren einen Teppich knüpfen und ihn vor ihren Füße ausbreiten würde, eine zweite Chance gäbe es nicht.

Manuela schniefte bei seinem Vorschlag ein bisschen, so wie sie es vor dem Spiegel geübt hatte.

»Natürlich bleiben wir Freunde«, erwiderte sie. »So schöne Momente, wie wir sie hatten, kann man, nein, *darf* man nicht vergessen.«

Ihr Lächeln war perfekt, mit einem kleinen feuchten Schimmer aufpoliert und einer Nuance Dankbarkeit und Trauer verklärt. Sie teilten sich zwar nicht mehr das Bett, aber den Frühstückstisch und eine sogenannte wunderbare Vergangenheit.

Hartmut war Schwarzteetrinker. Das Gebräu neutralisierte er mehrmals täglich mit viel Zitrone und Honig. So hatte seine Mutter den Tee serviert. Daran hatte er auch in all den Ehejahren nichts ändern wollen. Ob es sich um Darjeeling-, Assam- oder Ceylontee handelte, vermochte Hartmut nicht herauszuschmecken. Früher hatte sich Manuela über seine unmöglichen Teegewohnheiten geärgert. Jetzt empfand sie diese Tradition als erfreulichen Vorteil, den sie zu nutzen gedachte. Sie mischte fein gemahlen Mönchspfeffer in seinen Honig. Die Heilpflanze ist weitgehend geschmacksneutral und würde dafür sorgen, dass Hartmut die Lust verging. Ihr Plan war eindeutig. Was den Mönchen seit Jahrhunderten bei der Abkehr von weltlicher Liebe half, würde auch bei Hartmut seine Wirkung nicht verfehlen. Glaubte sie den Büchern, dann blieben ihm nur noch Potenzgebete und pharmazeutische Hilfsmittel.

Geduld ist die wirkungsvollste Waffe einer betrogenen Frau. Manuela richtete es so ein, dass sie ihrem Mann regelmäßig über den Weg lief. Dabei achtete sie besonders auf ihr Aussehen. Sie verbrachte Stunden bei der Kosmetikerin oder beim Friseur und kaufte sich neue Sachen. Das kostete ein kleines Vermögen, aber sie war überzeugt: Ich sehe fantastisch aus!

Regelmäßig erkundigte sie sich, wie es ihm gehe, obwohl sie nur in Erfahrung bringen wollte, ob das Mönchspulver schon wirkte.

Tatsächlich wandelte sich sein glückseliges Lächeln zuerst in ein zufriedenes um, das von einem grüblerischen Ausdruck gefolgt wurde. Schließlich glich sein Gesicht einem resignierenden Etwas, das eine vollständige Sammlung von Sorgenfalten widerspiegelte.

»Wir sind doch gute Freunde«, begann er kurz nach Nikolaus halb fragend, halb hoffend seine umständliche Umschreibung des zunehmenden Libido-Verlustes.

»Du kennst mich doch. Abgesehen von den kalten Füßen war doch bisher alles in Ordnung, oder?«

Natürlich wusste Manuela sofort, was er meinte und antworte dennoch unsicher: »Ich kann dir momentan nicht wirklich folgen.«

»Ich meine, wenn …, du weißt schon, hatten wir doch immer unseren Spaß. Ich denke … du doch auch, oder?«

Die folgenden Sätze hatte Manuela seit Tagen auf ihrer Zunge liebkost. Mit einem Blick, der ein kleines Kind den Schmerz eines abgeschürften Knies vergessen lässt, antwortete sie. »Das wird schon wieder. Du musst dich einfach im Kopf frei machen.«

Hartmut nickte dankbar. Dann betrachtete er seine Frau, als würde er ihr zum ersten Mal begegnen, nahm dann den Blick eines Dackels an und machte den entscheidenden Fehler.

»Glaubst du, dass es mit uns beiden … vielleicht … anders ist?«

Wenn Mitleid eine Konsistenz hat, dann ist sie gasförmig und explosiv, zumindest bei betrogenen Ehefrauen.

Manuelas Gesicht wandelte sich in eine undurchdringliche Maske. Ihre Augen fixierten jenes Teil, das ihr Noch-Mann liebevoll *Bruno* nannte und welches offenbar seit

Tagen den Kopf hängen ließ. Entrüstet presste sie durch die dünnen Lippen. »Erwartest du wirklich, dass ich puste, wenn du ein Aua hast?«

Hartmut verstand und entschuldigte sich sofort. Mit ihrer Hilfe würde er nicht rechnen können.

Manuelas nächster Schritt war der Besuch der kleinen Boutique. Der Laden war bis auf die Besitzerin leer. Annika strickte Pulswärmer mit Norwegermuster. Wahrscheinlich eine Bestellung eines älteren Herren. Vielleicht aber auch ein Geschenk für den schwächelnden Geliebten. Für die Vorstellung, dass es sich womöglich um etwas anders als einen Pulswärmer handelte, schämte Manuela sich ein bisschen.

Die Erwähnung ihres Namens löste die erwartete Panik bei Annika Huckstädt aus, der auch ein paar Maschen zum Opfer fielen. Eine beruhigende Handbewegung und ein mütterliches, allwissendes und verstehendes Nicken von Manuela entschärften die Situation.

»Ich bin nicht hier, um zu werten. Was geschehen ist, ist geschehen.«

Eine kurze Kunstpause. Ein deutliches Schlucken, verknüpft mit einem dezenten Schniefen und der leisen Ergänzung: »Zwanzig Jahre ... Es ist nur so, ich mache mir Sorgen um ihn!«

Alles andere war ein Kinderspiel. Nach drei Stunden, zwei Latte macchiato und Amarettogebäck, wobei in den ersten dreißig Minuten über Hartmut laut nachgedacht und anschließend darüber philosophiert wurde, ob eine Renaissance der Pulswärmer bevorstand, verabschiedeten sich beide herzlich.

Annikas Versprechen, auf ihn zu achten und keinen Druck auszuüben, kam mit einer Selbstverständlichkeit über ihre Lippen, die den Übergang von Liebe zur Gewohnheit charakterisierte.

Die beiden Frauen trafen sich jetzt regelmäßig, tauschten sich über Strickmuster oder Wollqualitäten aus und freuten sich auf die Weihnachtszeit. Manuelas Plan der *Besten Freundinnen* war aufgegangen.

Das Schaufenster der kleinen Boutique war liebevoll gestaltet. Lustige rote Socken mit bärtigen Männern auf jedem Zeh wechselten sich mit fein gestricktem Schneegestöber auf eleganten Pulswärmern ab. Die Kollektion wurde von pummligen Weihnachtsengeln, die am Rande weißer Stulpen in den Himmel starrten, vervollständigt.

Hartmut hatte inzwischen verschiedene Ärzte aufgesucht, trainierte regelmäßig in einem Fitnesscenter und versuchte es mit veganer Ernährung. Allein sein Gesichtsausdruck konnte der Jahreszeit entsprechend als düster bezeichnet werden. Auch Annika schien nicht sonderlich glücklich zu sein.

Manuela befand, dass es Zeit wurde, den nächsten Schritt einzuleiten.

Er begann mit dem Diebstahl seines Lieblingsschals. Egal, wie lange Hartmut danach suchte, das teure Designerstück war weg.

Ein kleiner Hinweis genügte, und Annika strickte einen kuschligen Schal aus Wolle, die zum überwiegenden Teil aus den Haaren des Angorakaninchens bestand. Kein Mann kann es sich leisten, den selbstgestrickten Schal der Geliebten nicht zu tragen.

Hartmut reagierte zwar nicht allergisch auf Kaninchenhaare, besaß aber auch nicht die Fähigkeit, diese von Katzenhaaren zu unterscheiden. Ein kleines Büschel eines Perserkaters, den Manuela im Tierheim ausgiebig gestreichelt hatte und ein paar Minuten Handarbeit genügten, um den Schal zu präparieren. Am nächsten Tag beobachtete sie zufrieden die allergischen Reaktionen: Schnupfen, Niesen, gerötete Augen, juckender Hautausschlag am Hals, unter den Armen und in der linken Gesichtshälfte. Kurz darauf nässende Quaddelbildung im Nacken.

Natürlich hatte Annika, wie sie Manuela später erzählte, Verständnis dafür, dass Hartmut den Schal nicht mehr tragen konnte, zumal sie sich vor dem Ausschlag ekelte, auch wenn sie es nicht zugab. Sie versprach ihm, nie wieder Angorawolle zu verwenden, und Hartmut betrat fortan das Strickstübchen nicht mehr.

Fünf Tage vor Weihnachten stellte Manuela erstaunt fest, dass ein paar der Bücher, die ihr Mann schon im Regal seiner Geliebten eingereiht hatte, plötzlich wieder aufgetaucht waren. Unter dem Vorwand, dass sich vor den Feiertagen die Arbeit stapele, verbrachte er mehrere Abende in seinem ansonsten fast leergeräumten Arbeitszimmer. Auch seinen Ausflug zum Vegetarismus beendete er mit ein paar blutigen T-Bone-Steaks, Folienkartoffeln und einem Berg gebratener Zwiebeln. Er bemühte sich um Manuela, stellte Blumen auf den Tisch, machte ihr Komplimente und erinnerte sie an Episoden, die sie gemeinsam erlebt hatten. Seine Einladung, doch mit ihm gemeinsam zu speisen und ein Glas Chianti zu trinken, schlug Manuela bedauernd aus.

»Ich treffe mich heute mit jemandem. Nichts Ernstes ... aber ... naja!«

Hartmut nickte in schneller Frequenz und bemühte sich, unbeeindruckt zu klingen: »Ach! Sehr schön. Bleibt mir nur, dir alles Gute zu wünschen.«

Wenig später saß Manuela in einer Bar, trank Tequila, mimte die Verständnisvolle und nahm Annika ab und zu in den Arm.

»Wenn es Liebe ist, spielt das Alter keine Rolle. In jeder Beziehung kriselt es früher oder später«, philosophierte sie und ergänzte: »Du darfst das nicht überbewerten!«

Dann leckten beide das Salz vom Handrücken, kippten entschlossen den Agavenschnaps hinunter und lutschten mit verzogenem Gesicht an der Limette.

Ölsardinen auf Toast sind eine gute Grundlage, wenn man die Geliebte des eigenen Mannes betrunken machen und dennoch den Überblick behalten möchte. Ein vertrauensvolles Gespräch unter Freundinnen konnte somit in jede Richtung geführt und Zweifel problemlos gesät werden.

Nach einem mitleidigen bis hin zum Verständnis aufbringenden Gedankenaustausch über typische Beziehungsprobleme, folgten die allgemeinen Unarten und gewöhnungsbedürftigen Besonderheiten von Hartmut.

Nach vier Tequilas amüsierten sich beide über sein Bemühen, bevor er ins Bett stieg, den Bauch einzuziehen und die Muskulatur aufzupumpen, als würden Anabolika zu seinen Grundnahrungsmitteln zählen.

Zwei weitere Schnäpse später parodierten sie Hartmut mit Tränen in den Augen, wie er sein bestes Stück vor dem Akt mit den Worten animierte: »Bruno! Freust du dich! Na, da freut sich aber jemand!«

Annika bekam der Tequila wie erwartet nicht so gut. Ihr Abend endete mit unartikulierten Worten der Enttäuschung und dem trotzigen Vorsatz, es künftig besser zu machen. Manuela brachte sie nach Hause, übernachtete auf dem Sofa der Rivalin und kehrte erst am nächsten Morgen zurück. Hartmut begrüßte sie verunsichert. Natürlich fragte er nicht, wie ihr Abend gewesen war, aber sie konnte spüren, dass er sich verloren fühlte.

»Ich werde Weihnachten nicht allein sein!«, informierte sie ihn einen Tag vor dem Heiligen Abend. Hartmut betrachtete sie erschrocken und nickte dann resigniert, als hätte er so etwas erwartet.

»Ich dachte nur ... deine Idee ... ein paar Tage mit mir zu feiern ... ich hätte mich gefreut ...«

Manuela antwortete nicht darauf. Hartmut strich sich hilflos durch die Haare. Ein verlegenes Kratzen hinter dem Ohr leitete schließlich die Wahrheit ein.

»Es ist nur so, Annika und ich – um es kurz zu machen, wir haben uns getrennt.«

Manuela beherrschte sich perfekt, mimte die Erstaunte und unterließ jede Form von Schadenfreude. Natürlich wusste sie, was geschehen war. Ihre Empfehlung – lieber ein Ende mit Schrecken, als ein Schrecken ohne Ende – hatte in Annika den Entschluss reifen lassen.

»Und jetzt weißt du nicht, wo du hin sollst?«, stellte Manuela fest und zuckte dabei die Schultern.

Am nächsten Morgen stand sie am Fenster und beobachtete tanzende Schneeflocken. Seit Jahren hatte es keine weiße Weihnacht mehr gegeben. Mehr als zwanzig Zentimeter Schnee waren gefallen. Manuela schaute verbittert auf die blinkenden Lichterketten der Nachbarn. Plötzlich fiel ihr auf, dass sie weder einen Baum besaß noch die Wohnung geschmückt hatte.

Am Vorabend war Hartmut mit einem Taxi in ihr kleines Gartenhäuschen gefahren, um die Feiertage allein zu verbringen. Als er ihr ein schönes Weihnachtsfest gewünscht hatte, kämpfte er gegen die Tränen. Sie, die erwartet hatte, Freude zu verspüren, musste aber alle Kraft aufbringen, um nicht auch zu weinen.

Manuela hatte nicht gut geschlafen. Schwere Gedanken hatten sie wachgehalten. Jetzt fühlte sie sich schlecht, obwohl sie allen Grund hatte, zufrieden zu sein. Ihr Plan, wie eine Schlupfwespe vorzugehen, war aufgegangen, Hartmut bestraft und die Beziehung mit Annika beendet. Dennoch konnte sie nicht mit Argumenten gegen das schlechte Gewissen ankommen.

Mit einem Lächeln musste sie an Hartmuts kalte Füße denken, und wie dankbar er gewesen war, wenn sie ihm mit ihren Füßen kichernd Wärme gespendet hatte. Andere schöne Erinnerungen fielen ihr ein. Sie hatten wirklich wunderbare Zeiten erlebt.

Manuela wollte nicht weinen, dennoch liefen ihr Tränen über das Gesicht. Vielleicht lag es an der besinnlichen Zeit, die sie nachdenklich und weich stimmte. Plötzlich wusste sie, was zu tun war.

Der Schnee lag unberührt, niemand war an diesem Weihnachtsabend hier entlang gefahren. Von Weitem schon konnte sie sehen, dass nur ihr kleines Gartenhaus beleuchtet war. Die Siedlung lag verträumt unter einem sternenklaren Himmel.

Im Auto duftete es verführerisch. Bis zum späten Nachmittag war Manuela damit beschäftigt gewesen, eine mit Trockenfrüchten gefüllte Gans in Rotwein zu braten. Die Soße hatte sie mit feingehackten Pinienkernen und exotischen Gewürzen veredelt. Hartmut liebte diese spanische Variante. Für Manuela war der Gedanke an Weihnachten immer mit seinem glücklichen Lächeln verbunden, wenn sie den Braten auf den Tisch stellte. Vielleicht war es diese Erinnerung gewesen, die sie überzeugt hatte, den Abend mit Hartmut im Gartenhaus zu verbringen. Sie würden reden. Reden war ein Anfang.

Auch der schmale Weg durch den Garten war verschneit. Unberührt lag er vor ihr. Ihre Schritte knirschen. Schneekristalle glitzerten. Die Landschaft schien mit einem weißen Laken bedeckt zu sein. Selbst die Haustür war an diesem Tag noch nicht geöffnet worden.

Doch etwas stimmte an diesem Bild nicht.

Manuela brauchte einige Sekunden, um zu begreifen. Es fehlte der Rauch über dem Dach, der langsam durch die Luft schwebte.

Panisch öffnete sie die Tür, bekam sie aber nur einen Spalt breit auf. Ihr Herz schlug aufgeregt. Mühsam zwängte sie sich ins Innere. Sie hatte Wärme erwartet. Aber es war kalt.

Hartmut lag auf dem Sofa, und sein starrer Blick an die Decke ließ keinen Zweifel zu. Auf dem Tisch neben ihm stand ihr Bild und daneben ein leeres Schraubglas. Wie jedes Weihnachten hatte er in kindlicher Unbekümmertheit eine der selbst gemachten Marmeladen gegessen. Es war jenes Glas, das Manuela mit süßen Waldfrüchten und bitteren Eibennadeln gekocht hatte.

JULKLAPP

Hermann hatte von seiner Schwiegermutter die Schnauze gestrichen voll. Genauer ließ sich das nicht auf den Punkt bringen.

»Soviel fressen kann man gar nicht, wie man kotzen möchte«, zitierte er einen berühmten Berliner Maler und steckte sich zur Verdeutlichung seiner Behauptung ansatzweise den Finger in den Hals.

Kurt, Bruno und Jürgen beobachteten amüsiert ihren alten Freund, öffneten jeder ein Bier, stießen kräftig die Flaschen zusammen und prosteten sich zu.

Selbstverständlich erbrach Hermann sich nicht. Schließlich war es *seine* Garage und das einzige Rückzugsgebiet, welches ihm in all den Ehejahren geblieben war.

Seit vierzig Jahren trafen sich die Freunde regelmäßig am zweiten Wochenende vor Weihnachten, aktualisierten den letzten Stand ihres Elends und bedauerten sich gegenseitig. Trotz aller Widerstände ihrer Gattinnen war es ihnen gelungen, das jährliche Ritual beizubehalten.

Das Treffen der Leidensgenossen fand in diesem Jahr bei Hermann statt. Die Garage war mit künstlichen Zweigen, albernen Kunststoffweihnachtskugeln und mit einer altmodischen Lichterkette notdürftig geschmückt. Ein paar Kerzen flackerten gleichgültig vor sich hin. Das Holz im Kanonenofen in der Ecke knisterte gemütlich. Frank Sinatra sang zum vierten Mal *White Christmas*. Keiner der Anwesenden interessierte sich für den schnulzigen Gesang.

Man hörte einander zu. Eine Selbstverständlichkeit unter alten Freunden.

Hermann, noch immer wütend auf seine Schwiegermutter, machte ein paar Gesten, die *Würgen, Verdrehen* oder *Abreißen* bedeuten konnten. Er schüttelte den Kopf, als ließe sich dadurch Angenehmes von Belastendem aussieben und erklärte pointiert: »Ich halte das nicht mehr länger aus. Ich bringe dieses Weibsstück um!«

Dass seine Schwiegermutter seit Jahren bei ihnen im Haus lebte, entsprach dem Wunsch seiner Frau, die den alten Drachen gern in ihrer Nähe haben wollte. Fortan dirigierte die Alte das Geschehen.

Ob er unter Druck, also vor dem Sex, oder nach einer totalen erotischen Erschöpfung dem Anliegen seiner Frau nachgegeben hatte, daran konnte sich Hermann nicht so genau erinnern. Jedenfalls hatte dieser kleine Moment der Schwäche genügt, den Alltag zu einer einzigen Belastung werden zu lassen. Seitdem seine Schwiegermutter im Haus lebte, musste sich Hermann das obere Bad mit ihr teilen. Das untere war den restlichen weiblichen Familienmitgliedern vorbehalten, seiner Frau und den beiden Töchtern.

Grundsätzlich stellte sich Hermann die Frage, ob ein Mann, der seine Schwiegermutter freiwillig aufnimmt, nicht unter einer bipolaren affektiven Störung leidet, also zumindest zeitweise als manisch depressiv eingestuft werden musste.

Mordgedanken hegte er schon seit Längerem. Allein die Tatsache, dass sie morgens mit der ganzen Familie aufstand, sein Bad blockierte und täglich eine ganze Symphonie körpereigener Geräusche übte, schien ihm Motiv genug zu sein. Die Boshaftigkeit, mit der sie regelmäßig das Bad verpestete und die ständig aufgebrauchte Rolle Toilettenpapier ließen den Gedanken an eine Gewalttat wie von selbst keimen.

Es interessierte die Alte nicht im Geringsten, ob er pünktlich zur Arbeit kam. Wecker ließen sich schließlich eine Stunde früher stellen, zu der Zeit gäbe es auch keine Staus und alle wären zufrieden, war ihr üblicher Kommentar.

Nicht nur, dass diese Unperson morgens seine Toilettenbrille anwärmte, heute hatte sie den Bogen vollständig überspannt. Ohne Schuldgefühl hatte sie sich nun auch noch seiner Zahnbürste bemächtigt. Glücklicherweise hatte er es bemerkt. Die Borsten waren nass und rochen nach Kampfer. Zur Rede gestellt, antwortete sie lapidar: »Bleibt doch alles in der Familie!«

Dass ihm das mit der Zahnbürste überhaupt aufgefallen war, verdankte Hermann seinem ausgeprägten Misstrauen, welches sich über die Jahre entwickelt hatte. Seitdem seine Schwiegermutter mit *seinem* Rasierapparat heimlich ihre Beine bearbeitet und, was nicht ganz auszuschließen war, auch die Achselhaare entfernt hatte, entwickelte sich bei Hermann ein pathologischer Kontrollzwang.

Er hasste dieses parasitäre Wesen, das sein Leben, seine Ehe und seine Familie vollständig beherrschte. *Sie* bestimmte, was es zu essen gab, wann einzukaufen war, welcher Film geschaut wurde und ob Boxershorts oder Schlüpfer mit Eingriff für ihn besser waren.

Hermann war sich sicher, dass jeder männliche Richter dieser Welt ihren gewaltsamen Tod als Folge einer ungewöhnlichen, aber nachvollziehbaren Form der Zivilcourage einstufen würde. Nur gab es leider keine Garantie, dass nicht eine Frau Recht sprechen würde.

»Ich halte das wirklich nicht mehr aus. Jungs, ihr kennt mich! Ich bin ein friedlicher Erdenbürger.«

Bruno legte Hermann tröstend eine Hand auf die Schulter. Jürgen goss eine Runde Kräuterlikör nach, und Kurt räusperte sich kurz, um dann doch nichts zu sagen.

Dann tranken alle vier den Schnaps mit einem Zug aus und knallten die Gläser auf eine kleine Spanplatte, die auf einer Bierkiste lag und als Tischbehelf zwischen ihnen stand.

Obwohl der Gastgeber für seine Fähigkeit, selten die Nerven zu verlieren, von seinen Freunden bewundert wurde, war selbst für sie deutlich zu erkennen, dass die Grenze des Erträglichen überschritten worden war.

In der kleinen Garage sang Frank Sinatra noch immer die gleichen Weihnachtslieder. Bruno fütterte den Ofen mit Holz. Jürgen holte Bier aus dem garageneigenen Kühlschrank. Verspielt legte Kurt die leeren Flaschen in Form eines Weihnachtssterns auf die Werkbank. Die Stimmung war gedrückt. Jeder der Vier hing seinen Gedanken nach und suchte eine Lösung für die eigenen Probleme.

Kurt wollte seit Jahren unbedingt einen Enkel. Nur war sein einziger Sohn mit einer Frau verheiratet, die stetig die Karriereleiter hinaufkletterte und überhaupt nicht an Nachwuchs dachte. Eine üppige Zielprämie hatte die Karrierefrau entrüstet abgelehnt. Die Nachfrage beim Hersteller der Anti-Baby-Pille, ob er Placebos in Originalverpackungen bestellen könnte, war nicht einmal beantwortet worden.

Der zweite in der Runde, Bruno, war bei seinem jährlichen Fremdgehen, bei dem er eine Dame des Escortservices *Pascha-Dreams* für eine Dienstreise buchte, von der besten Freundin seiner Frau überrascht worden. *Olivia 4 You,* die eigentlich Beate Rind hieß, hatte ihn freudig überrascht angelächelt, als er die Hoteltür öffnete. Abgesehen davon, dass Bruno für sein Geld keine Leistung erhielt, zahlte er seitdem für ihr Schweigen eine monatliche Pauschale.

Jürgen hatte das Leben besonders hart mitgespielt. Er hatte eine Frau geheiratet, die Liebe von einem eher pragmatischen Ansatz her definierte. Viele Jahre lang glaubte er, stolzer Vater eines Jungen und eines Mädchens zu sein. Aber seitdem auch er nicht mehr ignorieren konnte, dass der Große wie der Nachbar aussah und die Mandelaugen seiner Kleinen auch nicht ansatzweise als europäisch charakterisiert werden konnten, war er bitter enttäuscht.

So hatte jeder der Vier sein Päckchen zu tragen. Auch wenn man sich einig war, etwas dagegen unternehmen zu müssen, eine überzeugende Idee hatte bisher keiner von ihnen gehabt.

Hermann goss eine neue Runde Kräuterlikör ein und schaute sich um. Das Leben könnte so einfach sein, dachte er und hob sein Glas: »Wo früher meine Leber war, ist heute eine Minibar!«

»Hopp, hopp! Rin in Kopp!«, antworteten die Freunde, tranken in einem Zug aus und knallten die leeren Gläser wieder auf den provisorischen Tisch.

»Wir haben unseren Julklapp vergessen!«, stellte Bruno plötzlich fest und klatschte sich lautstark auf den Oberschenkel. Julklapp gehörte zu den Traditionen, die seit Anbeginn ihrer Runde dazugehörten. Nicht ein Mal in vierzig Jahren hatten sie ihn verpasst. Jedes Jahr gab es ein anderes Thema dafür. Während ihrer letzten Feier hatten sie jedoch vergessen, eines für dieses Jahr festzulegen. Julklapp war der Höhepunkt ihres vorweihnachtlichen Treffens. Ratlos schauten sich die Freunde an. Ob ein Zuviel an Alkohol bei ihrem letzten Treffen schuld daran war oder die Probleme, die zuhause auf sie warteten, konnte heute niemand mehr genau sagen. Wahrscheinlich war eine unheilvolle Allianz aus beiden dafür verantwortlich. Diesmal würde ihnen das nicht passieren.

Hermann goss noch einmal Kräuterschnaps nach, hob das Glas, um die Stimmung ein wenig aufzuheitern und sagte: »Lieber Frau und Schwiegermutter erschießen, statt 'nen Tropfen Schnaps vergießen!«

Diesmal antwortete ihm niemand. Die Gläser verharrten am ausgestreckten Arm der vier Freunde. Es war still in der kleinen Garage. Nicht einmal das Holz im Ofen knisterte. Nur Frank Sinatra ließ ein paar Schellen klingen, bevor er *Jingle Bells* sang.

Die Männer schauten sich prüfend an. Ohne auch nur ein Wort wechseln zu müssen, verstanden sie. Hermann stellte vorsichtig sein volles Glas zurück auf den Behelfstisch. Die anderen taten es ihm gleich. Dann nahm er sich einen Notizblock und einen Bleistift und prüfte noch einmal die Gesichter seiner Freunde.

»Seid ihr absolut sicher?«

Jeder der Anwesenden schien sich bewusst zu sein, dass der kommende Julklapp ihre Lebenssituation erheblich verbessern würde. Ein Jahr Zeit blieb ihnen dafür. Die Entschlossenheit in ihren Augen ließ keinen Zweifel zu, dass sie sich einig waren.

»Notwehr!«, gab Hermann das Thema vor und ergänzte: »Es ist jedem freigestellt, die Aufgabe möglichst fantasievoll zu lösen.«

Dann schrieb er mit ruhiger Hand vier Namen auf die kleinen Zettel, faltete sie sorgsam zusammen und legte sie in ein Gefäß.

BEIM BESTATTER

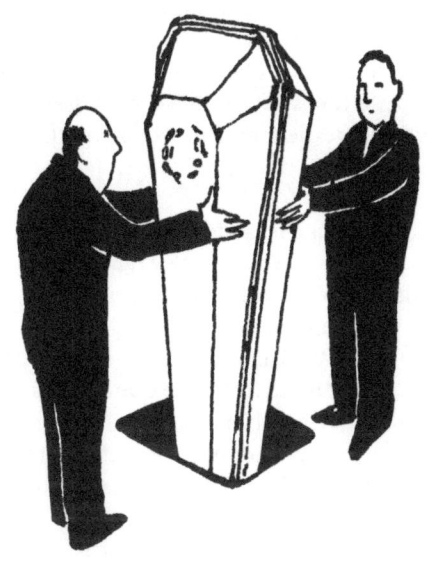

Henning Bleichert hatte sich hermetisch abgeschlossen und war dadurch zu Tode gekommen. Getreu seinem Grundsatz, Bestatter sei kein Beruf sondern eine Berufung, ist er bei seinem Bemühen, Endlichkeit zu vermitteln, einen winzigen Schritt zu weit gegangen.

Sie suchen Qualität nicht nur im Leben – sondern auch im Tod ist seitdem zum Qualitätsanspruch der ganzen Erdmöbelbranche geworden.

Die Zeugenaussagen der Familie Arnold verstehen sich als Plädoyer für das Diesseits gegen das Jenseits.

Der Bestatter Henning Bleichert saß hinter seinem Schreibtisch und übte sich in der Mimik unerwarteter, erheblicher und tiefster Betroffenheit. Wie immer trug er einen unauffälligen und dezenten schwarzen Anzug.

Herr und Frau Arnold, die vierzehnjährige Carmen und Bert, sechs Jahre alt, betraten in freudiger Erwartung Bleicherts Bestattungsinstitut. Pfeffi, ein Yorkshire Terrier, schnupperte interessiert an den exklusiven Gebeinbehältern.

BESTATTER:	Schönen guten Tag, was kann ich, nein, was darf ich für Sie tun?
HERR ARNOLD:	Wir würden uns gern mal vorab informieren.
BESTATTER:	Man kann ja nicht früh genug vorsorgen. An was hatten Sie denn so gedacht?
HERR ARNOLD:	Wir suchen nach einer Möglichkeit, individuell und dennoch zusammen zu sein. Eine Art Mehr-Generationen-Sarg. Sie verstehen?
FRAU ARNOLD:	Wir erwarten in den nächsten Tagen einen Unfall.
BESTATTER:	Sehr schön! Einen Autounfall? Verbrennen Sie?
FRAU ARNOLD:	Nein, nein! Eine eher allgemeine Vergiftung. Wahrscheinlich Pilze oder Reinigungsmittel.
BESTATTER:	Eine gute Wahl. Unversehrt, aber tot. Der Hund auch?
FRAU ARNOLD:	Er bekommt immer die Reste des Essens. Selbstverständlich nur die besten.

BESTATTER:	Könnten Sie sich mit Urnen anfreunden?
BERT:	Da passen ja nur die Köpfe rein.
CARMEN:	Dein Kopf ist auch eine Urne.
BESTATTER:	Verstehe. Sie bevorzugen also Erdmöbel. Wir haben etwas im Ambiente eines Märchenschlosses. Vierkammersarg, sehr komfortabel, für gehobene Ansprüche.
BERT:	Märchen finde ich doof. Ich bin doch kein Baby mehr.
HERR ARNOLD:	Wir suchen eher etwas Schlichtes, im Bauhausstil, qualitativ hochwertig, aber ein bisschen modern darf es schon sein.
BESTATTER:	Da hab' ich das Richtige für Sie. Echt trendy. Barriqueausbau. Eine feine Holznote. Frisches Eichenholz gibt wohldosiert den natürlichen Gerbstoff Tannin ab. Wirkt auf die Reifung sehr positiv. Unter uns, Rechtsmediziner bevorzugen diese zarte Vanille- oder Beerennote.
CARMEN:	Vanille ist blöd. Davon muss ich immer kotzen.
BESTATTER:	Würde dir denn eine Kirschholz- oder Kastanienkiste besser gefallen? Oder ein Schneewittchensarg?
CARMEN:	Von mir aus können Sie Hundefutter aus mir machen.

Darauf hob der Hund Pfeffi den Kopf, als würde es sich um ein ernsthaftes Angebot handeln.

BERT:	Ich möchte bei Mami liegen.
FRAU ARNOLD:	Wir sind sehr ökologisch orientiert. Wegen der Kinder!
BESTATTER:	Ich verstehe. Wie wäre es mit einem Biobehälter aus Dreischichtplatten in Echtholzfurnier und natürlichen Farben.

	Selbstverständlich frei von Formaldehyd und Phenolen. Nicht billig, leider.
HERR ARNOLD:	Es sollte schon kostengünstig sein. Gibt es vielleicht etwas, worauf man Pfand bekommt?
BESTATTER:	Pfand auf den Sarg? Ich könnte arrangieren, dass die Beisetzungen übereinander erfolgen.
FRAU ARNOLD:	Dann liegst du aber oben.
HERR ARNOLD:	Wieso, ich finde das immer sehr schön.
BESTATTER:	Alternativ wäre noch die senkrechte Variante. Der Sarg wird hochkant ins Grab gelassen.
CARMEN:	Ich will doch nicht die ganze Zeit stehen, wenn ich tot bin.
BERT:	Kann ich meinen Freund mitnehmen?
FRAU ARNOLD:	Ich mag es, wenn die ganze Familie zusammen ist. Das hat so was Anheimelndes.
HERR ARNOLD:	Haben Sie nicht was Familiäres? Meine Schwiegermutter hat uns gern um sich.
BESTATTER:	Wenn Sie wollen, kann ich Sie alle in Pulverform eintüten. Gefriergetrocknet.

Entsetzt beobachtete der Hund den Bestatter und schien zu denken, dass das das Ende jeglicher Knochen ist.

FRAU ARNOLD:	Ich weiß nicht!
HERR ARNOLD:	Können wir das mal sehen?

Daraufhin legte sich der Bestatter Henning Bleichert in den so genannten *Peaplecrusher*. Er erklärte detailliert die Wirkung flüssigen Stickstoffs auf den Körper, und dass schon ein leichtes Durchrütteln genügen würde, um in winzige Bestandteile zu zerfallen.

Warum sich allerdings an jenem Tag der Deckel der Vorrichtung nicht mehr öffnen ließ, blieb ein Rätsel.

Ob es nun ein Versehen, maschinelles Versagen oder gar dem unbändigen Interesse der Familienmitglieder geschuldet war, konnte nie genau geklärt werden. Familie Arnold jedenfalls nahm vorerst Abstand von der Idee einer finalen Familienzusammenführung.

LETZTE GEMEINSAMKEIT

Ein schleifendes Geräusch mischte den Staub des Flurs. Der Mann ging langsam und zog vorsichtig die Schuhe über die Dielen, als zweifele er an deren Tragfähigkeit. Er trat ins Bad. Der Wasserhahn ließ sich wie immer etwas schwer aufdrehen. Einen Atemzug lang starrte er auf die sich füllende Wanne, nickte kurz und ließ einen kleinen blauen Fisch aus Plastik ins Wasser gleiten, von dessen Rücken man die Temperatur ablesen konnte. Er hatte alles genau recherchiert. Dennoch schaute er nochmals auf seine Checkliste. Es gab keinen Punkt, den er nicht abgehakt hatte.

Zurück im Wohnzimmer setzte er sich schweigend ihr gegenüber in den Sessel. Sie lag, in eine leichte Decke eingehüllt, auf der Couch. Beide schwiegen. Beide lauschten dem Geräusch des Wassers, das aus dem Bad hereindrang. Sie schauten sich an. Schweigen tut gut, wenn man sich darauf verlassen kann.

Sie ist leicht, als wäre ihr Körper mit Federn gefüllt, ging es ihm durch den Kopf, als er sie vorsichtig über die Schwelle des Wohnzimmers trug.

Die Wassertemperatur stimmte. Genauso mochte sie es. Er legte sie in die Wanne und drehte den Hahn zu. Sie bemühte sich, ihm ein Lächeln zu schenken, oder doch wenigstens eine Andeutung davon.

Alles war abgesprochen, durchdacht, ersehnt, und doch zögerte er einen Moment. Er zögerte, weil er erwartet hatte, dass seine Hände zittern würden. Aber sie waren ruhig.

Die Rasierklinge trennte fast spielerisch die Haut an ihren Handgelenken durch. Zwei längliche Schnitte, damit das Blut nicht zu schnell gerann und die Wunden wieder verschloss.

Er zog den Hocker über die Fliesen näher an die Wanne heran. Seine Knie versagten ihm fast den Dienst. Schnell setzte er sich neben sie. Er würde nicht weinen, er hatte es ihr versprochen. Vorsichtig legte er seine Hand auf ihre Schulter. Lang ausgestreckt lag sie, als wolle sie ihren Körper dehnen.

Gern hätte er ihre Hand gehalten. Ihre Hand, ein endloses Gespinst von Lebenslinien, die sich wie warmes Pergamentpapier anfühlte. Aber er ließ sie im warmen Wasser. Die Schnitte würden an der Luft schmerzen.

Es sollte alles schmerzlos ablaufen. Sie wollten den Schmerz nicht dabeihaben. Viel zu lange hatten sie zu dritt zusammengelebt. Es sollte schmerzlos gehen, wie ein Einschlafen, Entschlafen, ein In-den-Tod-geboren werden. Sie hatte ewig nicht mehr schlafen können. Schlafen war Augen schließen, Vergessen war Wärme.

Der Mann spürte ein leichtes Zittern ihren Körper entlangeilen, als würde sie frieren oder eine Bedrohung abschütteln. Dann lag sie wieder still, fast bewegungslos, nur ihre Atmung jagte wie ein nervöser Käfer über die Wasseroberfläche.

In den Tod geboren werden. Das Dunkel sollte zurücknehmen, was es ans Licht gebracht hatte. Es war ihr Wunsch gewesen, der letzte während ihres langen Ablebens.

Niemand hatte der Frau zu helfen vermocht. Sie konnten sich tausendmal hinter weißen Kitteln, hinter verchromten, blitzenden Instrumenten oder diesen verfluchten Worten verbergen, die Frau hatte alles durchschaut. Nein, helfen konnten sie ihr nicht.

Was blieb? Den Schmerz verdicken, ihn bewegungsunfähiger machen, ein taubes Gefühl, als gehöre man nicht dazu, als stünde man neben seinem Körper.

Als würde ein kleiner Vogel sich groß fressen wollen, jedoch nicht wachsen, nur fressen. Als würde er einzelne Zellen heraustrennen, sie mit seinem kräftigen Schnabel knacken und ihre Flüssigkeit aufsaugen. Übrig blieben tote Hüllen, wie trockene Schalen.

Vor ein paar Tagen hatten die Ärzte sie nach Hause gehen lassen. Drei Wochen, ein Monat, höchstens ein viertel Jahr würden ihr bleiben, hatten sie gesagt.

Alles, was die Frau als wichtig erachtet hatte, war abgeschlossen, hatte sie geordnet. Jetzt wollte sie sterben, nicht mehr Pflichtbeobachterin ihrer eigenen Körperfunktionen sein, nicht mehr Chronistin über Einschränkungen und Ausfälle in ihrem System. Noch hatte sie die Kraft, vorwurfslos aus dem Leben zu gehen.

Niemandem hatte der Mann trauen wollen. Er sollte recht behalten.

Nichts hatten die Ärzte vermocht; nur eine Narbe an ihrer rechten Seite hinterlassen, die wie ein schmaler Mond aussah. Er fühlte sich betrogen, um das Wenige, das sie hatten herausschneiden müssen. Etwas war ihr vorausgestorben. Und dennoch war alles vergeblich geblieben. Routiniert schrieben sie hastig unleserliche lateinische Worte in ihre Akte, um den Krankenverlauf zu archivieren.

Der Mann betrachtete ihre Hände, die wie tote Zweige im Wasser lagen. Aus ihren Handgelenken pulsierten dunkle Fäden, die sich still ins Wasser spulten, um sich miteinander zu vereinigen. Eine rötliche Wolke hatte ihren Körper verschleiert.

Die Frau spürte, wie er seine Hand auf ihre Augen legte. Gierig tranken sie Wärme aus seiner Handfläche. Sie fühlte sich in der warmen Flüssigkeit schweben. *So müssen sich Embryos im Fruchtwasser fühlen,* dachte sie.

Aus den Schnitten ihrer Handgelenke wuchsen Nabelschnüre. In den Tod geboren werden. Sich so klein wie möglich machen. Die Knie an den Körper ziehen. Die Arme über der Brust verschränken. Dunkelheit ist zeitlose warme Flüssigkeit. Sie glitt ruhig zwischen weichen Wänden entlang. Hinter ihr drehte er das Licht leise. Es tat gut, zu spüren, wie seine schwere Hand die Augenlider zu strich.

Der Mann stand auf dem Flur. Er hatte erwartet, dass er jetzt weinen würde. Aber nichts dergleichen geschah. Er schaute auf die kleine Reisetasche. Seit Jahren war er nicht mehr verreist. Er würde nie wieder verreisen. Einen Augenblick lang überlegte er, ob er etwas vergessen hatte. Nein, er hatte nichts vergessen.

Mit festem Griff nahm er den Telefonhörer, lauschte, ob das Freizeichen zu hören war, und wählte dann die Nummer der Polizei.

EINE PRISE EWIGKEIT

Wenn Blicke töten könnten, wäre Kriminalhauptkommissar Günther Senfleben tot, in Einzelteile zerlegt und von einer Horde aufgebrachter Krimifans in alle Richtungen verstreut worden.

Claudia Senfleben schüttelte resigniert den Kopf. Ihre Idee, den obligatorischen »Tatort« mit einer verschworenen Gemeinschaft Gleichgesinnter in einem Berliner Restaurant mit dem Namen *Kulturbrauerei* anzusehen, endete in einer Katastrophe. Dass ihr geliebter Göttergatte jede Szene hatte kommentieren müssen: von wegen Kommissare besäßen gar keine Sekretärin, oder auf feuchten Wegen gäbe es keine Schuhabdruckspuren, sondern nur Schuheindruckspuren, ließ sich noch ertragen. Als er allerdings aufstand und den Tatort-kommissar mimte, ein imaginäres Haar vom Boden aufnahm, es einer genauen Betrachtung unterzog und lautstark verkündete: blond, weiblich, vierzig Jahre und leicht übergewichtig, kam es im Restaurant zu tumultähnlichen Szenen. Ein Teil der Zuschauer zog protestierend ab, während der Rest ernsthaft darüber nachzudenken schien, ob die Eliminierung des Querulanten unter den Sachverhalt der Notwehr fallen würde.

Auf dem Rückweg schwieg das Ehepaar Senfleben. Genauer gesagt verweigerte sie ein Gespräch. Günther Senfleben zerbrach sich den Kopf darüber, ob ihm vielleicht bei seinen Ausführungen fachlich ein Fehler unterlaufen war. Die Situation entschärfte sich jedoch völlig unerwartet, als sie zu Hause ankamen.

Obwohl Sonntag war, kontrollierte er wie immer den Postkasten. Anfänglich hielt er den Brief für eines der üblichen Werbeversprechen.

S i e   h a b e n   g e w o n n e n !
14 Tage Urlaub in einem Viersternehotel auf Mallorca.

Er kannte derartige Offerten. Gab man sich die Mühe, das Kleingedruckte zu lesen, entpuppte sich das Ganze oft als clever eingefädelte Betrügerei. Günther Senfleben betrachtete verärgert den Brief und überlegte, ob er gegen die Machenschaften der Firma vorgehen sollte. Mit einem strengen, über die Jahre perfektionierten Ordnungshüterblick prüfte er den Absender.

Reisebüro Majewski – Fernweh ist heilbar

Er war genau jene Sekunde zu langsam, die auch bei einem Duell über Leben und Tod entscheiden würde. Obwohl Claudia von dem Krimiabend noch immer bedient war, siegte dennoch ihre Neugier. Sie überflog die Zeilen, und ein freudiger Aufschrei leitete die Katastrophe ein.

»Diesmal entkommst du mir nicht«, verkündete sie anschließend.

Vor sieben Jahren hatten sie eine Reise nach Mailand gebucht. Selbst heute noch konnte Günther Senfleben nur mit Grauen daran zurückdenken. Während Claudia nicht nur jeder sündhaft teuren Modeboutique sondern auch jedem designverdächtigen Secondhandlädchen einen Besuch abgestattet hatte, war er mit seiner Idee gescheitert, die Stadt auf die klassische Art und Weise kennenzulernen. Architektur, Museen, Galerien.

Nach sechs Stunden, zwölf Boutiquen und einer gefühlten Anzahl von weit über sechzig anprobierten Kleidungsstücken, war ihm der Kragen geplatzt: »Du musst doch wissen, was du willst!«

Ihre Erwiderung, er würde sich ja Tizian oder Da Vinci auch nur anschauen und nicht kaufen und übers Bett hängen, machte ihn sprachlos. Die Voraussage, Fernweh sei heilbar, bestätigte sich in jenem Moment vollständig, allerdings anders als vom Reiseveranstalter gedacht.

In den letzten Jahren war es Günther Senfleben immer wieder gelungen, wegen wichtiger Mordfälle oder notwendiger Weiterbildungen die gemeinsamen Urlaubspläne zu durchkreuzen. Claudia ärgerte sich jedes Mal, zeterte tagelang und fuhr dann mit ihrer Mutter. Selbstverständlich liebte er seine Frau, aber Günther Senfleben liebte auch seinen Beruf. Nie hatte er einen Zweifel aufkommen lassen, welchen Stellenwert er ihm zumaß. Er war Polizist mit jeder Faser seines Körpers. Sie hatte das respektiert und seine Karriere begleitet. Ein Studium der Zahnmedizin hatte sie abgebrochen und in all den Jahren nur als Assistentin gearbeitet. Er war sich dessen bewusst. Claudia hatte für ihn auf vieles verzichtet. Nur wenn es um ihre Reisepläne ging, konnte sie tagelang diskutieren und machte ihm regelmäßig Vorwürfe, dass er mit seiner Arbeit verheiratet sei.

Der Gewinn der Reise wurde umgehend bestätigt. Die Kollegen gratulierten amüsiert. Sein Chef grinste. Drei Wochen vor Reisebeginn glich das Wohnzimmer der Senflebens einem »Humana« – Außenposten. Jede freie Stelle war von Kleiderstapeln bedeckt. Die Urlaubsvorbereitungen endeten wie üblich mit dem Fiasko, den Inhalt mehrerer Kleiderschränke in zwei Koffern unterbringen zu wollen. Daraufhin wünschte sich Günther Senfleben inbrünstig, dass ein Bombenattentat auf die Gethsemanekirche geplant sei, ein Serientäter Touristen im Mauerpark zu massakrieren gedachte, oder zumindest eine zweifelhafte Kiezvereinigung Terroranschläge gegen schwäbische Migranten ankündigen würde. Nichts dergleichen geschah. Für Berlin war es ein ungewöhnlich ruhiger Juli. Kein Kapitalverbrechen. Nicht die geringsten fundamentalistischen Aktivitäten. Selbst Einbruchsdelikte waren auf ein Minimum reduziert. Keiner der Kollegen war bereit, einen Fall abzutreten. Sein Chef behauptete sogar, dass Senfleben schon viel zu lange an seinem Schreibtisch klebe und der Erholung bedürfe.

Verzweiflung bemächtigte sich seiner. In nicht einmal drei Wochen würde der Flieger von Tegel aus starten. Nachdem er alle Hoffnung aufgegeben hatte und sich seinem Schicksal beugen wollte, zeigte der Zufall doch noch Mitleid mit ihm. In die Nachbarwohnung zog ein neuer Mieter ein. Der Mann war freundlich, zurückhaltend und vermied jeden Augenkontakt. Für Senfleben waren das eindeutige Indizien für ein schlechtes Gewissen. *Wenn du dich schon nicht auf die üblichen Kriminellen verlassen kannst,* meldete sich zaghaft ein Gedanke, *hilft es ja vielleicht, den Nachbarn ein bisschen genauer unter die Lupe zu nehmen.* Kriminalhauptkommissar Günther Senfleben gefiel diese Idee.

Der neue Mieter war Pflanzenliebhaber, und seine Terrakottatöpfe schienen das Einzige zu sein, das ihn interessierte.

Claudia hatte am Tag des Einzuges die üppigen Gewächse des neuen Nachbarn bewundert und dann gemeint, sie würde gern einmal bei ihm zu einem Erfahrungsaustausch vorbeischauen. Senfleben unterzog unterdessen die Umzugskisten einer kritischen Begutachtung, prüfte unauffällig ihr Gewicht, versuchte, die handschriftlichen Zimmerzuordnungen mit dem Grundriss der Wohnung abzugleichen und entdeckte zwischen Pappdeckeln eingeklemmt ein langes Haar. Seine Stirn legte sich in Falten. Der geübte Verstand fasste kurz zusammen: blond, weiblich, gefärbt und wahrscheinlich altersbedingt ausgefallen. Zufrieden mit seiner Entdeckung sicherte er in einem unbeobachteten Augenblick das vermeintliche Beweisstück.

Der Mann hieß Müller und kam aus Franken oder Bayern. Genau ließ sich das nach den wenigen Worten, die sie gewechselt hatten, nicht bestimmen.

Am nächsten Morgen begann Günther Senfleben seinen Dienst früher als üblich. Seine erste Aktivität galt dem Studium sämtlicher Fahndungsaufrufe aus dem süddeutschen Raum. Müller wurde weder polizeilich gesucht, noch gab es andere Anzeichen für kriminelle Machenschaften. Er rief im LKA Bayern an, fragte sich durch diverse Abteilungen und bekam schließlich den entscheidenden Tipp – Finanzamt. Dort erfuhr er den vollständigen Namen. Sönke Müller. Verheiratet. Keine Kinder. Vor drei Monaten hatte der Mann Insolvenz angemeldet. Die Firma *Synthetische Industriegase A&S Müller* hatte von Acetylen bis hin zu flüssigem Stickstoff alles produziert, was der Markt benötigte. Zwar habe die Firma pünktlich Steuern abgeführt, aber der wirtschaftliche Erfolg war ausgeblieben. Derzeit finde eine Prüfung auf Insolvenzverschleppung statt. Das sei das übliche Prozedere von Amts wegen. Eine Anzeige sei nicht anhängig.

Kriminalhauptkommissar Senfleben ertappte sich bei einem Lächeln. Sein Nachbar war ohne die Gattin nach Berlin gezogen. Kein begründeter Anfangsverdacht, aber der ersehnte Strohhalm. Nachdenklich untersuchte er das gefundene Haar und versuchte sich vorzustellen, wie wohl der Rest dieser Frau aussehen mochte. Natürlich konnte er weder mit seinem Chef noch mit den Kollegen darüber reden. Unauffällig recherchierte er weiter. Sönke und Sophie Müller hatten vor zwei Jahren geheiratet und die Firma gegründet. Das Kapital hatte Sophie als Mitgift in die Ehe gebracht. Dass das Geld ihrer Familie die Hochzeitspläne, wenn schon nicht initiiert, so doch beschleunigt haben musste, lag auf der Hand. Penibel legte Senfleben ein Dossier an. Angesichts der Aussicht, die gewonnene Reise doch noch vermeiden zu können, begrüßte er seine Frau am Abend ausgesprochen herzlich und tat geheimnisvoll.

Geheimnisse mochte Claudia gar nicht. Dass ihr Mann plötzlich beschwingt durch die Wohnung schritt, Hilfe anbot und sich nach dem Befinden ihrer Mutter erkundigte, wunderte sie ein wenig.

»Ich war heute bei unserem Nachbarn. Ein wirklich ganz Netter. Der hat es auch nicht leicht. Sönke hat alles verloren. Die Firma, sein Geld, einfach alles. Wirklich traurig. Ich habe selten einen Mann kennengelernt, der so sensibel mit Pflanzen umgehen kann. Ich möchte zu gern wissen, was sein Geheimnis ist.«

Senfleben schaute seine Frau verblüfft an. Er hatte fast einen Tag damit verbracht, den Vornamen des Nachbarn und ein bisschen Hintergrundwissen zu ermitteln. Sie dagegen klingelte einmal an seiner Tür, und der Kerl erzählte ihr in allen Einzelheiten ohne Aufforderung sein ganzes Leben.

»Ihr seid schon per du?«

»Eifersüchtig?«, fragte sie amüsiert und winkte mit einer lässigen Bewegung ab. »Er ist verheiratet. Ich interessiere mich nur für seine Pflanzen. Stört dich das?«

Es störte ihn. Ginge es nach ihr, müsste er, der guten Nachbarschaftsbeziehungen wegen, Brüderschaft mit ihm trinken. Noch nie hatte sich Senfleben mit einem Verdächtigen geduzt. Die Vorstellung, Müller auf der Treppe zu treffen und über gegenseitige Nachbarschaftshilfe zu feilschen, kam ihm irgendwie nicht richtig vor.

»Ich verstehe nicht, warum Sönkes Pflanzen auf Blähton besser gedeihen als unsere«, sinnierte Claudia, ohne eine Antwort zu erwarten.

Der nächste Morgen begann mit einigen amtlichen und privaten Telefonaten. Senflebens amtliche Nachfragen ergaben, dass sich das Ehepaar Müller polizeilich in Nürnberg abgemeldet hatte. Die Meldestelle im Bürgeramt Prenzlauer Berg bestätigte eine fristgemäße Anmeldung der Müllers in der Dunckerstraße. Wichtiger als diese Information war jedoch, dass der Mietvertrag nur auf ihn ausgestellt worden war.

Seine privaten Telefonate erfolgten im Auftrag Claudias, die unbedingt in Erfahrung bringen wollte, welche Sorte Tonkügelchen Pflanzen zu derartigen Chlorophyllkonglomeraten anschwellen lassen konnten. Um die Frage endgültig zu klären, verabredete er sich mit einem Fachmann.

Der Gärtner seines Vertrauens hieß Arnaud und betrieb das *Blumencafé* auf der Schönhauser Allee. Wie immer meckerte er ein wenig vor sich hin, trat von einem auf das andere Bein, wackelte nachdenklich mit dem Kopf und erklärte dann, von einer blähtontechnischen Neuentwicklung sei ihm nichts bekannt. Seit Jahren werde das braune Granulat unverändert geliefert. Unterschiedliches Wachstum war wahrscheinlich eine Frage der optimalen Zuführung von Dünger.

Der Vormittag brachte keine neuen Erkenntnisse, die den Urlaub doch noch verhindern konnten. In der Mittagspause berichtete er seiner Frau von dem Gespräch mit dem Blumenhändler. Arnauds Einschätzung, ihr Dünger sei überlagert, nahm Claudia schweigend zur Kenntnis. Auf die ironische Frage, ob es Neues vom Nachbarn gebe, reagierte sie verschnupft und beendete das Telefonat.

Den Nachmittag verbrachte Günther Senfleben damit, Akten nicht identifizierter Frauenleichen zu sichten. Zu seinem Bedauern befand sich unter den Gefundenen keine, deren Beschreibung zu Sophie Müller passen würde. Kriminalhauptkommissar Senfleben bestärkte das in seiner Einschätzung, Müller habe seine Tat bis ins kleinste Detail geplant und durchgeführt. Quasi ein intelligenter Verbrecher. Über kurz oder lang würde ihm nichts anderes übrig bleiben, als den Verdächtigen zu befragen. Als Begründung würde er einen fingierten Brief schreiben, natürlich zu Händen Kriminalhauptkommissar Günther Senfleben. Alles andere war ein Kinderspiel. Ein paar deutliche Worte, ein kleiner Bluff, das übliche, das Gewissen erleichternde Zureden, und der Kerl würde in allen Einzelheiten gestehen.

Der Urlaub begann erst in zwei Wochen. Es galt, den Termin des Verhörs taktisch so zu legen, dass er zu dem Zeitpunkt unabkömmlich sein würde. Claudia müsste dann mit ihrer Mutter nach Mallorca fliegen.

Zufrieden lehnte er sich auf seinem abgesessenen Bürostuhl zurück und malte sich aus, wie er die ehefreien Tage gestalten würde. Einen Abend bei *Konnopke* Currywurst essen und danach im *Prater Biergarten* ein Pils kippen. Das Wochenende gehört der Bundesliga, natürlich bei *Tante Käthe*. Und am Donnerstag würde er im *Freiraum* die Krimilesebühne *Wortmotive* crashen. Die genervten Blicke der Krimiautoren und ihrer Gäste würde er genießen. Unwissende, weltfremde Schreiberlinge. Alles Dilettanten.

Mit einem glücklichen Lächeln wartete Günther Senfleben auf den Dienstschluss.

Die Idee Claudias, ihre Pflanzen mindestens genauso gut gedeihen zu lassen wie die des Nachbarn, bekam am Abend eine neue, bedrohliche Dimension.

»Du wirst doch mal deiner Frau zuliebe diese Probe untersuchen lassen können. Ich habe gesehen, wie er eine Prise davon in die Gießkanne gegeben hat. Du magst doch auch Pflanzen.«

Entrüstet betrachtete Günther den Inhalt des Schraubglases. Vermutlich hatte seine Frau, als sie sich unbeobachtet wusste, eine Handvoll Substrat entwendet. Einen Moment lang hoffte er, es handele sich um Asche. Aber dafür war die Konsistenz zu grob. Es waren auch keinerlei Knochenreste zu entdecken. Enttäuscht stellte er das Glas auf den Tisch.

»Hast du dir jemals darüber Gedanken gemacht, wo eigentlich Müllers Frau ist?«

»Natürlich! Sie erholt sich vom Verlust der Firma. Ist doch ganz normal, dass man in einer derartigen Situation sein Leben hinterfragt.«

»Tatsächlich? Vielleicht hat dein Sönke ja seine Frau zerschreddert, die Reste getrocknet und füttert nun damit die Blumen.«

»Erstens ist es nicht *mein* Sönke, und zweitens bist du eindeutig reif für den Urlaub«, erwiderte Claudia, im Begriff, den Raum zu verlassen.

Theatralisch atmete er tief durch und schüttelte den Kopf. »Du hast recht. Ist viel zu aufwendig. Ich schau mal, was sich machen lässt«, verkündete er schließlich gönnerhaft und packte das Schraubglas in die Aktentasche.

Auf dem üblichen amtlichen Weg kam er nicht weiter. Es gab keinen Anhaltspunkt, der auch nur einen Hauch eines Verdachtes zuließ. Senfleben musste sich schnell etwas einfallen lassen. Ansonsten würde er in einer Woche im Hotel »Playa De Palma« schlecht gemixte Cocktails zu sich nehmen und sich zwischen die Reihen aufgedunsener Körper zwängen müssen, die wie Speckschwarten in der Sonne brutzelten.

Die meisten Mieter des Hauses schliefen schon, als Günther Senfleben in Latschen und mit seinem Bademantel bekleidet auf den Hof schlich. Der Müllsack war blickdicht und zudem sorgsam zugebunden worden. Ein vielversprechendes Indiz dafür, dass der Inhalt unerkannt bleiben sollte. Vorsichtig verteilte er alles auf seiner Werkbank im Keller.

Müller schien Vegetarier zu sein. Die Sammlung einheimischer und exotischer Frucht- und Gemüseschalen ließ daran keinen Zweifel. Außerdem war er Teetrinker. Geschmacklich bevorzugte er Bio-Kräutertee, Jasmin mit Blüten, ayurvedische Fruchtmischungen sowie eine Kollektion von Wohlfühl-, Gute Laune-, Entspannungs- und Träumschön-Tees. Ein paar unwichtige Quittungen, eine durchgescheuerte Socke sowie vertrocknete Blätter seiner geliebten Pflanzen bildeten den kümmerlichen Rest. Es gab nichts, was ihm weiterhelfen konnte. Unwillkürlich stieg ein Ton bitterster Enttäuschung in Senflebens Brust auf und verlor sich ungehört in den dunklen Gängen des Kellers. Den Rest der Nacht verbrachte er, stöhnend und sich wälzend, mit dem Zählen kleiner, bunter Fische, die über türkisfarbene Wellen sprangen.

Die nächsten drei Tage heftete er sich an Müllers Fersen, verfolgte ihn von früh bis spät, legte Bewegungsprofile an, listete die Orte auf, an denen Müller Kaffee trank, Sport trieb oder sich Bilder unbekannter Künstler anschaute. Der Nachbar war einer jener Menschen, die eine Stadt zu Fuß kennenlernen wollten und dabei äußerst ausdauernd ein beträchtliches Tempo vorlegten.

Senfleben hatte nach drei Tagen erheblichen Muskelkater aber keine neuen Erkenntnisse. Müller war einfach nicht zu fassen. Mit einem Verdächtigen nicht reden zu können und nur anhand seiner Mimik und Gestik Antworten auf offene Fragen zu erhalten, ließ den Kommissar in der kommenden Nacht nicht schlafen. Es war eine seiner Angewohnheiten, im Dunkeln aus dem Fenster zu starren und sich alles nochmals durch den Kopf gehen zu lassen.

Genau gesehen hatte er gar nichts herausgefunden. Zwar hatte er in Erfahrung gebracht, dass Sophie Müller nicht zu ihren Eltern zurückgekehrt war, was ihn aber nicht verwunderte, denn das Vermögen ihrer Familie war mit der Insolvenz verloren gegangen. Freunde hatten auch nicht sagen können, wo sie sich befand. Allerdings war sie dafür bekannt, manchmal monatelang spurlos zu verschwinden und dann Postkarten aus Malawi, Indien oder Brunei zu schicken. Alles war denkbar. Vielleicht hatte sie sich tatsächlich eine Auszeit genommen, um sich neu zu justieren. Oder sie hatte einen anderen Mann kennengelernt, Herzchen in den Augen und einfach nur vergessen, sich polizeilich anzumelden. Müllers Frau konnte überall sein. Er wusste, dass er de facto nichts vorzuweisen hatte. Seine Kollegen würden ihn für verrückt erklären.

Kriminalhauptkommissar Günther Senfleben kam nicht umhin festzustellen, dass er sich verrannt hatte und kurz davor stand, seine Karriere aufs Spiel zu setzen. Und wofür? Nur um nicht in den Urlaub fahren zu müssen?

Betrübt schaute er aus dem Fenster in die Nacht. Also, Mallorca. Einen Augenblick lang glaubte er, das Rauschen des Meeres zu hören. Seinen Recherchen nach war der August dort der wärmste Monat des Jahres. Zwölf Stunden

Sonnenschein. Temperaturen bis vierzig Grad. Schlimmer noch, Claudia hatte sich schon einen Tagesplan der Animateure schicken lassen und Aquagymnastik, Algenpartnermassagen sowie Karaoke beliebter deutscher Schlager mit einem roten Marker angestrichen. Seufzend blickte er auf die Uhr. 2:49 Uhr. Die Straßen waren leer. Um diese Zeit, schien Berlin zu schlafen. Zwei Lichtkegel näherten sich langsam. *Noch jemand, der keine Ruhe findet,* ging es ihm durch den Kopf. Das Auto hielt vor der Tür und trug ein Nürnberger Kennzeichen. Der Mann, der aus dem Wagen stieg, war Sönke Müller. Erstaunlicherweise hatte er das Fahrzeug noch nicht umgemeldet. Er schaute sich aufmerksam um, doch es war niemand außer ihm auf der Straße. Ungewöhnlich, dass der Mann so spät nach Hause kam. In dem Moment, als Sönke Müller den Blick hob und genau jenes Fenster fixierte, hinter dem Senfleben seine Gedanken zu sortieren versuchte, war sich der Kriminalhauptkommissar sicher, dass er sich auf seinen Instinkt verlassen konnte. Obwohl es unwahrscheinlich war, dass sein Nachbar ihn gesehen hatte, trat er unwillkürlich einen Schritt zurück und hielt die Luft an.

Nachdem Müller sicher war, dass ihn niemand beobachtete, nahm er eine Reisetasche vom Beifahrersitz und drückte die Autotür vorsichtig ins Schloss, bevor er leise die Treppen hinaufstieg.

Senfleben hatte ihn zwar tagsüber verfolgt, aber was Sönke Müller nachts tat, war seiner Aufmerksamkeit bisher entgangen. Auch hätte er ihn unmöglich vierundzwanzig Stunden am Tag observieren können, ohne dass es jemandem im Präsidium aufgefallen wäre.

Wenn es eine Chance gab, den Nachbarn eines Verbrechens zu überführen und damit die Reise nach Mallorca zu verhindern, dann musste er herausfinden, was sich in der Reisetasche befand.

In der nächsten Nacht, drei Tage vor dem Abflugtermin, bot sich eine Gelegenheit. Müller fuhr mit dem Auto weg, und es würde vermutlich eine Weile dauern, bis er wiederkam. Das Schloss der Wohnungstür zu öffnen, war für Senfleben kein Problem. Vorsichtshalber zog er ein paar Handschuhe an, wie er sie bei jeder Tatortbegehung verwendete. Mit dem passenden Werkzeug, gepaart mit den Erfahrungen aus einer Qualifizierung, die sich auch praktisch mit Einbruchsmethoden beschäftigt hatte, öffnete er die Wohnungstür geräuschlos.

Alle Sinne von Kriminalhauptkommissar Senfleben waren angespannt. Es war ruhig. Vorsichtig tastete er nach seiner Taschenlampe. Viele Möglichkeiten, die Reisetasche zu verstecken, gab es in der kleinen Wohnung nicht. Er würde systematisch vorgehen. Penibel untersuchte er jeden einzelnen Schrank im Flur, dann die Kammer und schließlich das Schlafzimmer. In einer alten Truhe, die ihm beim Einzug gar nicht aufgefallen war, entdeckte er das Gesuchte. Ein Lächeln huschte über Senflebens Gesicht. Das kleine Nummernschloss der Reisetasche war ebenfalls kein Problem. Ein einfacher Schraubenzieher genügte. Eine Sache von Sekunden. Vorsichtig öffnete er den Reißverschluss. Er wusste nicht, was er erwartet hatte, aber das Erste was ihm in die Hände fiel, waren mehrere Plastikplanen und eine Rolle Klebeband. Darunter fand er eine Pistole mit einem Schalldämpfer, der eindeutig selbst gefertigt war. Genau konnte er das Modell nicht bestimmen. Aber wenn er sich nicht täuschte, war es eine SIG der P200 Serie. Senfleben war sich sicher, dass er die dazugehörige Leiche auch noch finden würde. Dass er Müller so leicht überführen konnte, hatte er nicht erwartet. Sein Instinkt hatte wieder einmal richtig gelegen. Morgen würde er seinen Chef über den anonymen Brief informieren, der ihm kürzlich zugespielt worden war.

Sönke Müller hat seine Frau ermordet und ihre Leiche verschwinden lassen.

Ein Freund der Familie

Der Fall fiel in sein Aufgabengebiet, und die Durchsuchung der Wohnung musste die logische Konsequenz sein. Kriminalhauptkommissar Günther Senfleben fand sich brillant. Er hatte es geschafft. Das kleine Zauberwort hieß »unabkömmlich«. In dieser Situation würde Claudia nichts anderes übrig bleiben, als wieder einmal mit ihrer Mutter in den Urlaub zu fahren. Sie würde das akzeptieren müssen. Wie immer.

Plötzlich hörte er ein Scharren, so, als schiebe jemand etwas über den Boden. Langsam, fast quälend näherte sich jemand. Ein aufgeregtes Atmen war zu hören. Er war nicht allein. Wahrscheinlich hatte er überhört, dass Müller zurückgekehrt war. Er überlegte, ob er sich als Polizist zu erkennen geben sollte, entschied sich aber dagegen, um nicht noch den letzten Vorteil zu verspielen. Vielleicht hatte Müller eine zweite Waffe, und angesichts der Tatsache, dass er ihm auf die Schliche gekommen war, würde er sie wohl auch einsetzen. Senfleben war ohne seine Dienstwaffe in die Wohnung eingebrochen. Ein unverzeihlicher Fehler. Mit dem Fenster im Rücken war er ein leicht zu treffendes Ziel. Blitzschnell nahm er die Waffe aus der Reisetasche, entsicherte sie und zielte im Dunkeln auf den Schatten, der im Türrahmen zu hocken schien und jeden Moment schießen konnte. Ein Ton, der einem trockenen Husten glich, begleitete den Blitz, der für einen kurzen Augenblick dem Raum Konturen gab. Es war nur ein einziger Schuss, den Senfleben abgegeben hatte, aber die plötzliche Stille verriet, dass er getroffen hatte. Wie in amerikanischen Filmen – in einer Hand die Pistole, parallel dazu die Taschenlampe – näherte er sich jener Person, die bewegungslos in ihrer Position verharrte.

»Polizei! Keine Bewegung!«

Die starren Augen, die in einem blassen Gesicht von langen blonden, wirren Haaren halb verdeckt waren und Kriminalhauptkommissar Günther Senfleben anstarrten, hatte er vorher noch nie gesehen. Es waren die Augen einer Frau. Schlagartig wurde ihm klar, um wen es sich handeln musste: Sophie Müller. An den Händen und den Füßen war sie mit

Klebeband an einem Stuhl fixiert. Auch der Mund war mit jenem Klebeband verschlossen, das er kurz vorher in der Reisetasche gefunden hatte. Sie musste ihn gehört haben und bei ihrem Versuch, auf sich aufmerksam zu machen, hatte er sie erschossen.

Als die Wohnungstür aufgeschlossen und das Licht angeschaltet wurde, wunderte sich Senfleben nicht einmal. Sönke Müller schaute ihn ungläubig an und betrachtete dann die Leiche seiner Frau. Es dauerte eine Weile, bis der Nachbar die Situation begriffen und analysiert hatte. Dann begann er zu lachen. Es bedurfte einiger Zeit, bis er sich wieder beruhigt hatte. Mit dem Handrücken wischte er über seine feuchten Augen und atmete tief durch.

»Sieht aus, als hätten Sie mir einen Gefallen getan«, stellte er ohne jegliche Regung fest, nahm Senfleben die Pistole aus der Hand und sicherte sie.

»Es wäre zwar einfacher gewesen, wenn Sie eine Folie untergelegt hätten, aber ein neuer Teppich war sowieso fällig. Mit der Lebensversicherung meiner Frau ist das ja jetzt kein Problem mehr.«

Senfleben betrachtete Sönke Müller vielleicht zum ersten Mal genau. Er machte einen völlig ruhigen und ausgeglichenen Eindruck. Äußerlich ein netter Kerl, unauffällig, der liebe Nachbar von nebenan. Der Gedanke, dass das vielleicht mit der Pflege der Pflanzen zu tun haben könnte, ließ Senfleben einen Moment lang an der eigenen Zurechnungsfähigkeit zweifeln. Müller wartete, bis der der Kommissar den Blick von ihm abgewandt hatte und in der Lage war, wieder zuzuhören.

»Es gibt zwei Möglichkeiten für Sie, Herr Kommissar. Sie gestehen das Verbrechen, wandern ins Gefängnis, und Ihre Karriere im gehobenen Polizeidienst ist für immer vorbei«, formulierte er ohne jede Beschönigung. »Abgesehen von ein paar unangenehmen Fragen werde ich wohl mit einem blauen Auge davonkommen. Ihre Entscheidung!«

Senfleben nickte. Er war Realist genug, um sich keinerlei Illusionen zu machen. *Er* hatte die Frau getötet, nicht Müller. Alles, was er in den letzten Wochen getan hatte, konnte gegen ihn verwendet werden. Nachdem Senfleben seine Fassung wiedergefunden hatte, räusperte er sich und fragte mit fester Stimme: »Und die zweite Möglichkeit?«

Die Sonne versank langsam im rotglühenden Mittelmeer. Segelboote zogen gemächlich übers Wasser. Eine leichte Brise kräuselte die Wellen. Claudia musterte zufrieden und glücklich zuerst das Meer und dann ihren Mann. »Ich muss dich nachher eincremen, sonst siehst du morgen aus wie ein Krebs.«

Senfleben lächelte bitter und beobachtete die weißen Fingerabdrücke auf seiner Haut, die sich nach einem kurzen Moment wieder in sonnengefärbtes Rot wandelten. Die Garantie für eine schlaflose Nacht.

»Ich glaube, dass mit der Sonne ist keine gute Idee«, gab Claudia zu bedenken und ergänzte: »Du brauchst unbedingt ein paar neue Hemden.«

Die »Beach Dreams« mit den albernen Holzspießen kosteten ein Vermögen, aber jetzt verlangte es ihn danach. Bevor er aufstehen konnte, um sich an der Bar etwas Exotisches mischen zu lassen, fragte Claudia völlig unvermittelt: »Was genau war eigentlich in dem Glas, das ich dir vor unserem Urlaub gegeben hatte? Du weißt schon, das geheime Düngemittel von unserem Nachbarn?«

Senfleben ließ die Frage ein paar Runden in seinem Kopf rotieren, bevor er betont gleichgültig antwortete: »Phosphatdünger. Nichts Besonderes. Die üblichen Nährstoffe.«

Kriminalhauptkommissar Günther Senfleben hatte nicht einen Gedanken daran verschwendet, dem Wunsch seiner Frau zu entsprechen und das Substrat dem Labor zur Untersuchung zu übergeben. Dass aus einer sechzig Kilogramm schweren Leiche, die man mit Stickstoff gefriertrocknet und anschließend zerrüttelt, noch zwanzig Kilogramm übrig bleiben, hatte Müller ihm später genau erklärt. Anfänglich sei er darüber sehr erstaunt gewesen. Aber das Verfahren sei inzwischen ausgereift und habe sich bewährt. Wessen Überreste Senfleben allerdings in seinem Schreibtisch im Polizeipräsidium aufbewahrte, würde für immer sein Geheimnis bleiben. Seit jener Nacht waren sich Sönke und Günther einig: Künftig würde man einander helfen. Auf eine gute Nachbarschaft!

EIN STÜCK ERINNERUNG

»Sind Sie an einem beträchtlichen Erbe interessiert?«

Die Frage am anderen Ende der Telefonleitung kam von einem Mann, der sich als Rechtsanwalt Dr. Möbius vorgestellt hatte und sich nicht lange mit Erklärungen aufhielt. Die Frage war einfach, und Tobias Boigk verstand sofort, dass sie nur mit *Ja* beantwortet werden konnte.

Drei Tage später saß er in der Kanzlei und unterschrieb die Papiere.

Richter Siegfried Wolf atmete schwer, als er sich auf seinen Polsterstuhl fallen ließ und in den Gerichtssaal starrte. Jahrzehntelang hatte er sich mit menschlicher Gemeinheit, Rechthaberei, albernen Kleinigkeiten und dümmlichen Forderungen beschäftigt. Sein faltiges Gesicht spiegelte unverhohlen seinen Abscheu wider, den er gegen jeden der Anwesenden im Raum hegte. Es versprach erneut einer dieser lästigen Tage zu werden, an denen die Langeweile höchstens noch durch jene Verachtung überboten wurde, die der Richter für das zänkische Volk empfand, welches sich regelmäßig vor seinem Richtertisch versammelte.

Ständig nötigten ihn verfeindete Nachbarn, die genaue Grenze eines Zaunes und somit ihres Frontverlaufes penibel zu bestimmen. Aufs Dorf gezogene Städter erwarteten ernsthaft einen Richterspruch darüber, ab wann und wie oft ein Hahn morgens krähen durfte. Als traurigen Höhepunkt der vergangenen Woche hatte er die Tat eines Gleisbauarbeiters empfunden, der versucht hatte, einen ihn ewig anknurrenden und bellenden Dackel zum Schweigen zu bringen. Die Idee des Angeklagten, eine Signalhupe, die eigentlich vor heraneilenden Zügen warnen sollte, aus kürzester Entfernung vor dem Hund zu betätigen, hatte bei dem Tier zu einem irreversiblen Trauma geführt. Für den Richter war die Verhaltensweise des Gleisarbeiters nachvollziehbar, und gern hätte er ihm angemessenes Verhalten bescheinigt und dann freigesprochen. Dummerweise jedoch war Tierquälerei kein Kavaliersdelikt.

Tief in seinem Inneren war Siegfried Wolf fest davon überzeugt, dass allein die Androhung von Daumenschrauben, glühenden Nägeln oder mittelschwerer Wasserfolter die meisten Streitigkeiten verfeindeter Parteien einvernehmlich lösen würde. Natürlich befand man sich nicht mehr im Mittelalter, und die heutige Gesellschaft hatte einen Grad von Zivilisiertheit erreicht, den seine Kollegen wichtigtuerisch mit »Rechtsstaatlichkeit« umschrieben.

Offiziell trauerte Siegfried Wolf den archaischen Methoden nicht nach. Ein Grundsatzurteil, wonach dümmliche Bemerkungen eines Anklägers oder Verteidigers sofort mit ein paar Stockschlägen auf Handrücken oder gar Fußsohlen zu begegnen sei, hätte jedoch ohne Zweifel seine uneingeschränkte Zustimmung erhalten.

Bei der heutigen Verhandlung ging es um einen Erbschaftsstreit. Nach kurzer, schwerer Krankheit war Freiherr von Krux, genauer gesagt Johann Friedrich von Krux, verstorben. Nach Aktenlage existierte eine Schwester, die als einzige Hinterbliebene geführt wurde und sich auf das beträchtliche Vermögen, ein Herrenhaus mit weitläufigem Grundstück in bester Lage, freuen durfte. Gerda von Krux. Soweit schien alles klar zu sein.

Allerdings hatte Rechtsanwalt Dr. Möbius im Namen seines Mandanten Anspruch auf die Immobilie erhoben und behauptet, bei dem durch ihn vertretenden jungen Mann handele es sich um den unehelichen Sohn des Verstorbenen.

Zu seinen Lebzeiten hatte der Adelige nicht als Kostverächter gegolten und seine Beziehungen stets nach kurzer Dauer wieder aufgelöst.

Was den jungen Mann betraf, so verschwieg die Geburtsurkunde tatsächlich die Namen seiner Eltern. Nur der Ort war vermerkt. Tobias Boigk war in einer Pappkiste vor einem Krankenhaus gefunden und den Behörden übergeben worden.

Für Richter Siegfried Wolf war das eine weitsichtige Entscheidung der Mutter gewesen, angesichts des personifizierten Elends, welches neben dem Rechtsanwalt Platz genommen hatte.

Der Forderung des Gerichtes, entsprechende Nachweise für die verwandtschaftliche Zugehörigkeit ihres Mandanten zu Johann Friedrich von Krux zu erbringen, war die Kanzlei Möbius bisher nicht nachgekommen.

Für den alten Richter schien es einer jener Prozesse zu sein, die zur Mehrung des anwaltlichen Bankkontos geführt wurden, obwohl klar erkennbar keine Erfolgsaussichten bestanden. Doch solange der Fall nicht abgeschlossen werden konnte, durfte er das Erbe nicht freigeben.

Noch einmal schaute der Vorsitzende Richter durch den Gerichtssaal und musterte die Streitgegner.

Auf der einen Seite saß Gerda von Krux, übergewichtig, wohlhabend, eine betagte Dame, die dem Leben zweifelsfrei wenig Spaß abgewinnen konnte. Überheblich taxierte sie kurz den Vorsitzenden und konzentrierte sich anschließend darauf, standesgemäß auf ihrem Stuhl zu verharren. Vertreten wurde sie von einer Rechtsanwältin, die sich selbst das Essen zu neiden schien und den unsteten Blick einer von der Männerwelt aller Illusionen beraubten Feministin besaß.

Auf der anderen Seite Tobias Boigk, ein undurchsichtiger Kerl, der sich kaum bemühte zu verhehlen, das er eine feste Anstellung als Einschränkung seiner Grundrechte ansah. Im letzten Monat war er zwanzig Jahre alt geworden. Den Behörden war er bisher nicht negativ aufgefallen. In seinen Akten hatten sich keine Einträge über Vergehen, wie Diebstahl, Vandalismus oder so etwas Simples wie Schwarzfahren gefunden. Nach Einschätzung des alten Richters ließ sich dieser Umstand nur mit schlampiger Arbeit der Behörden erklären.

Boigks Rechtsanwalt, Dr. Möbius, lächelte ständig vor sich hin und schien alle paar Sekunden zu prüfen, ob sein Kinn noch an der richtigen Stelle saß. Möbius war ein schmieriger Kerl, dem Siegfried Wolf alles Schlechte zutraute.

In den Stuhlreihen im Saal saßen erstaunlich viele neugierige Zuschauer und, was erheblich schwerer wog, Journalisten, die sich Notizen machten, obwohl bisher noch nichts verhandelt worden war. Irgendjemand musste dieser Meute den Termin gesteckt haben.

»Abschaum … Elendes Gesindel! … Personifiziertes menschliches Versagen! … Man müsste euch… alle …«, murmelte Siegfried Wolf und öffnete mit spitzen Fingern die Akte.

»Die Verhandlung ist eröffnet«, ließ er die Beteiligten ohne eine Begrüßung wissen und ergänzte: »Da der Forderung des Gerichtes, Dokumente für eine verwandtschaftliche Verbindung vorzulegen, nicht nachgekommen worden ist, kann ich mich kurz fassen. Bevor ich Ihnen meine Entscheidung mitteile, muss ich Sie von Rechts wegen fragen, ob es noch irgendetwas Substanzielles gibt, das zur Aufklärung des Sachverhaltes beitragen könnte.«

Siegfried Wolf rechnete nicht damit, dass etwas Derartiges vorgetragen werden würde, geschweige denn, dass noch etwas Wesentliches passierte. Er blätterte angewidert in der Akte, die er mit seiner Unterschrift und einer knapp gefassten Begründung so schnell wie möglich schließen und dem Vergessen überlassen wollte. Vielleicht wird es ja doch noch ein erträglicher Tag, dachte er hoffnungsvoll.

Nachdem ihm allerdings der junge Mann die prall gefüllte Einkaufstüte eines Discounters auf den Tisch gestellt hatte, signalisierte sein Magen augenblicklich, dass der Fall wohl mehr Schwierigkeiten machen würde, als erwartet.

»Was, bitteschön, … ist das?«, fragte Siegfried Wolf ungehalten, zielte dabei mit seinem Kugelschreiber auf die Belästigung und blickte streng über seine Brille.

»Euer Ehren! Das ist mein Vater!«, antworte Tobias Boigk und setzte sich wieder neben seinen Anwalt, der so tat, als sei auch er von der Aktion seines Mandanten überrumpelt worden.

Der Vorsitzende Richter starrte ungläubig zwischen dem jungen Mann und der Einkaufstüte hin und her. Dabei vergaß er, dass er die aus amerikanischen Fernsehserien abgeschaute alberne Unsitte, einen Vorsitzenden mit »Euer Ehren« anzusprechen, normalerweise sofort mit einer Ermahnung bestrafte. Schließlich wies er den Gerichtsdiener an, Licht in den ärgerlichen Sachverhalt zu bringen.

Es dauerte nur wenige Sekunden, bis auch der letzte Zuschauer begriffen hatte, dass es sich bei dem bauchigen und schlicht gehaltenen Gefäß auf dem Richterpult um eine Urne handelte.

Es wurde laut im Saal. Die gegnerische Anwältin sprang protestierend auf. Die Reporter begannen, respektlos laut miteinander zu diskutieren. Einige lachten und kicherten. In einer der hinteren Reihen fiel sogar eine Flasche um.

Richter Siegfried Wolf hielt es nun für angebracht, zwei der Tabletten zu nehmen, die ihm sein Arzt für den Fall sich ankündigender Herzprobleme verschrieben hatte.

Er bedauerte, sich nicht mit einem Holzhammer Gehör verschaffen zu können. Stattdessen schlug er mit dem Kugelschreiber gegen die Urne, als wolle er einen Toast aussprechen. Als es endlich wieder ruhig geworden war, drohte er den Anwesenden wütend, den Saal räumen zu lassen, sollte sich ein derartiger Tumult auch nur ansatzweise wiederholen. Dann wandte er sich an Dr. Möbius: »Sie … Sie und Ihr

... Ihr Mandant! ... Glauben Sie ernsthaft, dass sich damit ein Vaterschaftstest durchführen lässt?«

❦

Dass der Inhalt einer Urne nicht obduziert werden konnte, war sowohl dem Gericht wie dem herbeigerufenen Kriminalhauptkommissar klar. DNA-Spuren würden sich nicht nachweisen lassen, weil beim Kremieren alles Organische restlos verbrannte. Dennoch musste die Frage beantwortet werden, ob es sich bei der Asche und den Knochenresten tatsächlich um Freiherrn Johann Friedrich von Krux handelte. Die Identifizierung der Überbleibsel war rechtlich zwingend erforderlich, um die Urne wieder auf den Friedhof bringen zu können. Es bedurfte einer amtlichen Bestätigung, dass Krux drin war, wo Krux draufstand.

Einen Verstorbenen von einem Gottesacker zu entführen und ihn gegen seinen Willen einer Gerichtsverhandlung zuzuführen – dieser skurrile Tatbestand ließ Siegfried Wolf ernsthaft darüber nachdenken, ob er die anwesenden Reporter zu Stillschweigen verpflichten und bei einer Weigerung ihrerseits internieren durfte. Aber das gestattete die Rechtsprechung dieses Landes nicht. Leider!

Dem Vorsitzenden Richter blieb in dieser höchst unerfreulichen Situation nichts anders übrig, als Ermittlungen über den Inhalt der Urne anzuweisen.

Die beauftragte Rechtsmedizinerin hatte zwar als Kind davon geträumt, Archäologin zu werden, jedoch nicht damit gerechnet, eines Tages in ihrem Institut in den Verbrennungsrückständen eines Kremierten nach Verwertbarem aus der Vergangenheit zu fahnden. Praktischerweise bediente sie sich der Methoden, die bei Ausgrabungen üblich waren und wissenschaftlichen Standards entsprachen.

Zuerst verteilte sie den Inhalt der Urne sorgsam auf einem Tisch, um anschließend ein gleichmäßiges Gitter darüber zu spannen. Danach sortierte sie die etwas gröberen Knochenstücke und nummerierte sie entsprechend dem Raster. Sie entdeckte dabei mehrere Teile einer Keramikkrone, die sie ähnlich einem zerbrochenen Tongefäß wieder zusammenfügte.

Im dritten Schritt bewegte sie einen Metalldetektor über die Quadrate, um nach metallischen Überbleibseln zu fahnden.

Mithilfe der zusammengesetzten Keramikkrone, einer kleinen chirurgischen Klammer zum Verschließen durchtrennter Blutgefäße und eines Stiftes, den man zum Fixieren der Zahnkrone verwendet hatte, gelang es ihr, Klarheit zu schaffen.

Die Mikroklammer war mit einer Nummer versehen und konnte problemlos einer Nierenoperation zugeordnet werden, die Freiherr von Krux vor sieben Jahren über sich hatte ergehen lassen. Die letzten Zweifel wurden ausgeräumt, als ein Röntgenbild aus dem Archiv von Krux' Zahnarzt exakt die Krone und den Stift zeigte, mit der des Freiherrn oberer rechter Backenzahn rekonstruiert worden war.

Es gab zwar nun keine Gegenmeinung mehr, dass es sich bei den Überresten in der Urne tatsächlich um die des verstorbenen Johann Friedrich von Krux handelte, nur ließ sich damit ein Vaterschaftsnachweis nicht erbringen. Ohne DNA war das unmöglich.

Am folgenden Verhandlungstag betrat Siegfried Wolf den Saal mit einer gewissen Befriedigung. Wie auch bei der letzten Sitzung fand er die Stuhlreihen gut gefüllt vor. Obwohl er das »sensationsgierige Gesocks«, wie er es umschrieb, nicht mochte, und er liebend gern jedem von ihnen ein Halseisen verpasst hätte – ihr Interesse an diesem Fall gab ihm ein Gefühl von Wichtigkeit.

Einerseits war er froh, dass der undurchsichtige und arbeitsscheue junge Mann wohl leer ausgehen würde. Andererseits wünschte er sich, das entsetzte Gesicht der angestaubten

Gerda von Krux zu sehen, sobald sie die Entscheidung, dass ihr nur der gesetzliche Pflichtanteil zustand, begriffen hatte. Nach den Erkenntnissen der Rechtsmedizinerin und dem weiteren Fehlen eindeutiger Beweise über den Erzeuger Tobias Boigks stand einem Urteil nichts mehr im Weg. Noch vor dem Mittagessen dürfte der ärgerliche Fall endlich abgeschlossen sein.

Doch in jenem Moment, als Dr. Möbius lächelnd und sein Kinn massierend an seinen Tisch tänzelte, ahnte Richter Wolf Schreckliches. Für ihn war allein die Nähe des selbstherrlichen Advokaten eine unzumutbare Belästigung. Seiner Überzeugung nach reichte schon die Anwesenheit des schmierigen Kerls in seinem Gerichtssaal, um den Tatbestand einer Beleidigung zu erfüllen. Noch bevor der Anwalt auch nur ein Wort sagen konnte, verurteilte ihn Siegfried Wolf gedanklich zum Tragen einer Schandmaske. Einen Augenblick lang überlegte er, ob das metallene Ungetüm eher einem Schwein oder doch besser einem Esel ähneln sollte, entschied sich dann aber wegen gewisser Ähnlichkeiten für einen Hahnenkopf.

Als Dr. Möbius den Antrag stellte, den Krankenhausbericht der Nieren-OP an Johann Friedrich von Krux als Beweismittel zuzulassen, kam es zu einer lautstarken Auseinandersetzung zwischen ihm und der gegnerischen Anwältin. Sie warf ihm Verschleppung des Verfahrens vor, er ihr hingegen mangelndes Interesse, die Wahrheit herauszufinden.

Die Besucher applaudierten begeistert, mal Krux' Anwältin, dann wieder Dr. Möbius, je nachdem, wem die Sympathie gerade galt.

Nachdem es dem alten Richter endlich gelungen war, sich wieder Gehör zu verschaffen, wünschte er sich sehnlichst, dass eine höhere Macht ihn erhören und ihm einen einzigen Wunsch erfüllen möge: Eine Handvoll »Fresser« solle sich über die Vorräte der Anwaltshaushalte hermachen und sich so lange saufend und johlend in ihren Wohnungen einnisten, bis beide entnervt den Beruf aufgaben oder in eine andere Stadt zogen.

Zwar war der neue Antrag wohl nur ein weiterer Versuch, die Verhandlung in die Länge zu ziehen, aber rechtlich gesehen musste Siegfried Wolf dem Gesuch, den OP-Bericht anzufordern, entsprechen. Alles was der Wahrheitsfindung dienlich war, musste er dulden.

❧

Das medizinische Protokoll dokumentierte, dass der verstorbene Johann Friedrich von Krux seiner Schwester Gerda eine Niere gespendet hatte. Es wäre also mittels einer simplen Punktion ein Leichtes, die Frage nach dem Verwandtschaftsgrad zu klären.

»Wären Sie dazu bereit?«, knurrte Siegfried Wolf über sein Pult hinweg und überlegte, wie lang eine Nadel sein musste, um durch den beträchtlichen Wohlstandsspeck der Dame an ihr Ziel zu gelangen.

Gerda von Krux starrte den Vorsitzenden entsetzt an und antwortete mit pikiertem Tonfall: »Bei Ihnen tickt's wohl? Kommt überhaupt nicht infrage. Diese Niere ist das Letzte, das mir von meinem Bruder geblieben ist. Davon gebe ich nichts her. Schon gar nicht für so einen … Kerl«, keifte sie entrüstet. Dabei hatte sie einen verächtlichen Zug um den Mund, der jeglichen Respekt vermissen ließ.

Richter Wolf wies erbost darauf hin, dass sie nur ja oder nein zu antworten habe und auf Unterstellungen verzichten möge. Dann legte er eine saftige Geldstrafe wegen Missachtung des Gerichtes fest. Sehnsüchtig dachte er erneut an vergangene Zeiten. Früher hätte man diesem keifenden Weib eine Maulsperre anlegen lassen. Aber heute? Ärgerlich! Sehr ärgerlich!

So würde er jedenfalls nicht weiterkommen. Beugehaft durfte er in diesem Fall nicht anweisen. Gerda von Krux heimlich zu betäuben, um ihr eine Gewebeprobe zu entnehmen, war auch nicht zulässig. Darauf zu warten, bis die Freiherrin endlich das Zeitliche segnete, um danach bei einer

Obduktion das gespendete Organ inspizieren zu können, war zu langwierig.

Alle Beteiligten waren sich der Pattsituation bewusst. Die eine Seite konnte nicht belegen, dass es sich tatsächlich um einen unehelichen Sohn handelte und die gegnerische Seite nicht beweisen, dass der junge Mann nur ein Erbschleicher war.

Solange das Gericht nicht über die Vaterschaftsklage entscheiden konnte, war es Gerda von Krux jedoch unmöglich, an das Vermögen ihres Bruders zu gelangen. Schlimmer noch, sie durfte nicht in das Herrenhaus mit seinem weitläufigen Grundstück ziehen.

Schließlich trafen sich die beiden Rechtsanwälte, um eine außergerichtliche Einigung aufzusetzen. Danach bekam Tobias Boigk eine angemessene Abfindung und verzichtete im Gegenzug auf die Vaterschaftsklage.

Für Gerda von Krux würde das immer noch günstiger sein, als durch alle Instanzen zu klagen. Außerdem war nicht abzusehen, wie viele Jahre sich ein derartiger Prozess hinziehen mochte, und ob ihre Lebensuhr nicht vor dem endgültigen Urteil abgelaufen sein würde.

Zwar bestand nicht die Gefahr, dass die Entnahme einer Gewebeprobe von einem Gericht angewiesen wurde, aber schon Gerdas strikte Weigerung war für die Boulevardpresse eine willkommene Gelegenheit, sich in Mutmaßungen zu ergehen.

Auch wenn Gerda von Krux und ihre Rechtsanwältin der Überzeugung waren, dass es sich um einen hinterhältigen Betrugsversuch handelte, das Restrisiko, dass der Kerl doch ein unehelicher Spross von Gerdas Bruders war, wollten beide lieber nicht eingehen.

Richter Siegfried Wolf zog sich, nicht ganz freiwillig, nach diesem Fall zurück. Die Jahre am Gericht hatten sein Verständnis von Gerechtigkeit komplett aufgebraucht. Er begann, an den Bundestag Petitionen zu schreiben, mit der Forderung, bewährte archaische Bestrafungen wieder zuzulassen. Alle seine Anträge wurden abgelehnt, trotz breiter Unterstützung eines Teils der Bevölkerung. Sein Vorschlag während einer Fernsehdiskussion, man möge ernsthaft in Erwägung ziehen, Verurteilte, wenn sie schon nicht an den Pranger gestellt werden durften, doch zumindest im Internet zu benennen, ließ das Fass überlaufen. Dem Entzug seiner Lizenz als Richter kam er auf Empfehlung einiger achtbarer Kollegen schließlich durch den Rücktritt zuvor.

Tobias Boigk und Rechtsanwalt Dr. Möbius trafen sich wenige Wochen später zu einem abschließenden Gespräch in einem Café.

»Erben ist ein lukratives Geschäft, oder?«, stellte der Anwalt sachlich fest. Tobias nickte und trank einen Schluck heißen Kaffee.

»Selbst nach Abzug meines Honorars und der lächerlichen Geldstrafe für die widerrechtliche Entwendung einer Urne sind Sie jetzt gut versorgt.«

Der junge Mann lächelte. Tatsächlich verfügte er über einen hübschen Betrag, der sein Leben versüßen würde. Es war nicht das angekündigte beträchtliche Vermögen, aber eine ansprechende Summe.

Rechtsanwalt Dr. Möbius betrachtete sein Gegenüber, griff dann in den Aktenkoffer und schob ein Dossier über den Tisch.

»Was halten Sie von einem neuen Deal? Haben Sie schon mal darüber nachgedacht, welche finanziellen Vorteile die Ehe mit einer älteren Dame hätte, die ihren treulosen Kindern nichts hinterlassen will?«

Mehr über unsere Autoren erfahren Sie auf unserer Webseite
unter www.buchvolk.de

ISBN:
978-3-9815604-0-4

Preise:
€ [D] 11,90
€ [A] 12,40
CHF 14,40

Kennen Sie den Ton, den ein Bügeleisen anschlägt, wenn es mit der Spitze ungebremst auf einen Kopf trifft? Könnten Sie den Vater Ihres Kindes unter der Betonplatte endlagern, auf der Ihr Nachwuchs laufen lernen wird? Gehören Sie zu jenen Menschen, die sich ihren Appetit weder durch ein Verbrechen noch durch eine Leiche vermiesen lassen?

Wer wissen möchte, wie man sich überdrüssig gewordener Liebschaften entledigen oder die Anzahl der Familienmitglieder auf ein erträgliches Maß zu reduzieren kann, der findet hier hilfreiche Antworten.

❀

www.buchvolk.de

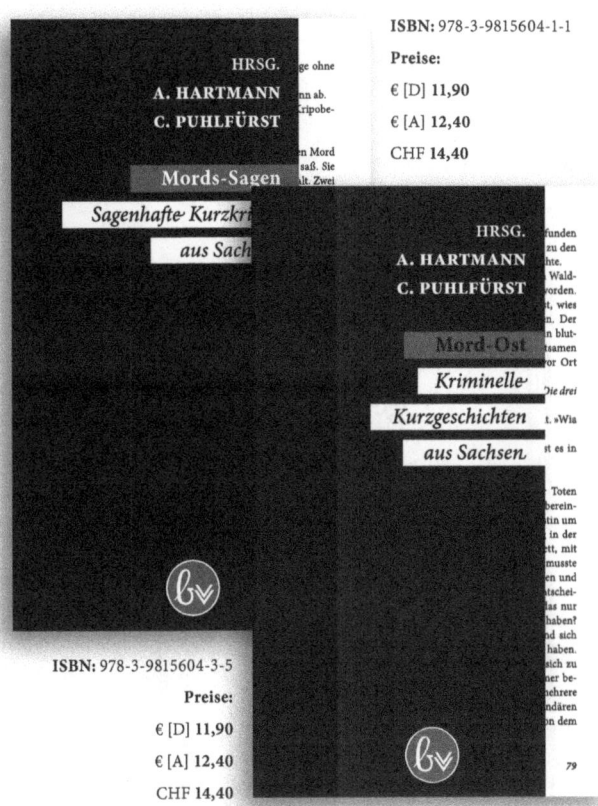

ISBN: 978-3-9815604-1-1

Preise:

€ [D] 11,90

€ [A] 12,40

CHF 14,40

HRSG.
A. HARTMANN
C. PUHLFÜRST

Mords-Sagen

Sagenhafte Kurzkri

aus Sach

HRSG.
A. HARTMANN
C. PUHLFÜRST

Mord-Ost

Kriminelle

Kurzgeschichten

aus Sachsen

ISBN: 978-3-9815604-3-5

Preise:

€ [D] 11,90

€ [A] 12,40

CHF 14,40

Sie lieben Grusel und Thrill? Humor? Eiskalte Stories von einheimischen Schreibtischtätern, schauderhafte Schauplätze irrwitziger Intrigen, üble Übeltäter und tödliche Taten? Dann wird Sie dieses Buch begeistern!

Schmatzende Tote, ein Reiter ohne Kopf, böse Zwerge, unglücklich Verliebte, Totengräber, Fabeltiere, giftige Insekten oder Moosmänner – sie alle sind hier versammelt. Heimtückische Verbrechen, mysteriöse Orte, clevere Täter und bodenlose Abgründe erwarten Sie... alles rein fiktiv natürlich. Die Arglist ist allgegenwärtig...

⚙

www.buchvolk.de